ハダカの東京都庁

目次

7
都庁トリビア大全

装幀　野中深雪
装画　川原瑞丸

序　出る杭《くい》はぶった切られた　～クビ宣告顚末《てんまつ》記～

都庁は、外からはうかがい知れない巨大な伏魔殿《ふくまでん》である。

ネットで公開されている情報や記者会見での知事発言だけでは、肝心の部分はほとんど見えてこない。「実際のところ、本当はどうなのよ?」と疑問を抱いても、まともに答えてくれる人間は誰もいない。

国であれば、良くも悪くも一部のキャリア官僚がドロップアウトして、内部のどろどろした情報を明かし政権批判を繰り広げたり、政治ジャーナリストのコメントもあるが、都庁の場合、そうしたことは皆無《かいむ》に等しい。

なぜか。

一つには地方公務員法で守秘義務が課せられ、退職後も縛《しば》りが掛かっているせいもあるが、守秘義務は国家公務員も同様であるし、「業務上知りえた秘密の守秘」よりも、都民の知る権利、公益に資する情報の開示のほうが優先されることは論をまたない。

それでも都庁の現役職員や幹部OBらがこぞって口をつぐむ理由は、定年退職後の生活を牛耳《ぎゅうじ》られているからだ。特に局長級や本庁の枢要《すうよう》部長級の職員は、暗黙裡《り》に65歳までの生活が保障されている。もちろん、そのほかの一般職員は再任用などの制度によって65歳まで働き続けることができるが、幹部職員にはいわゆる外郭団体でのポストが約束されている。

だから、静かに物言わぬ老後を過ごすのだ。ひとたび沈黙のルールに背《そむ》けば収入の道が絶たれる。言いたいことがあっても口を閉ざすことが、退職後を何不自由なく生きるための絶対条件なのである。

そんな人事の掟《おきて》を破り外郭団体での余生を棒に振ったアホが現れた。2020（令和2）年3月、一冊の本が出版された。『築地と豊洲「市場移転問題」という名のブラックボックスを開封する』（都政新報社）である。この本によって自らの暗部をえぐり出された小池百合子知事は激怒した。実際、都庁では発禁本のような扱いを受けた。

筆者は出版だけでは満足せず、その後、週刊誌の誌面に登場するなど、小池都政への批判的な発言を繰り返した。結果、1年前に定年退職して与えられたある外郭団体の理事長職を、本の出版からわずか4か月後の7月末に解任された。

理由は、局長級経験者が備えるべき「常識」を逸脱しているという摩訶《まか》不思議なものだった。解任直前の7月初旬、筆者は都庁に呼び出された。西新宿の都庁第一本庁舎6階の副知事室、幹部人事を取り仕切る副知事から「おまえは常識がない」と告げられたのである。

正直、呆《あき》れた。都庁も狭量になったものだと哀《あわ》れみさえ感じた。都庁村の掟を破った不届き者は村八分にされて当然ということらしい。加えて、小池知事の行動原理の一つである「裏切り者は絶対に許さない」という、あの氷のように冷たい姿勢が適用された結果でもあった。

それにしても、おまえは守秘義務違反を犯した犯罪者だとか、小池都政批判はOBであってもまかりならぬとか、ストレートに宣告されたほうがよほどさばさばしたのだが、「非常識なヤツだから辞めてもらう」とはこれ如何《いか》に。都庁OBの常識って何なんですか、なんならA4ペーパー1枚にまとめてくださいよ、と悪態をついても始まらないので未練なく辞めた。

辞めた以上は、都庁の常識とやらに気兼ねすることなく自由に発言できる。出版・

解任をきっかけに獲得したこの立場をフル活用して、普段は垣間見ることのできない都庁の実態を、もの言わぬ現任職員と都庁ＯＢに代わって、少しでも明らかにできればと思っている。

1

都庁OB人事のカラクリ

天下り？　いえ推薦するだけです

都庁で天下りという言葉はタブーである。都庁に天下りは存在しないことになっている。代わりに「再就職」と表現しなければならない。やっていることはさして変わらないが、罪悪感を少しでも拭《ぬぐ》うための創意工夫である。

毎年、定年退職した局長級、枢要部長級のＯＢは、最速で翌日に、通常は退職の日から数週間から数か月のタイムラグを空けて、いわゆる外郭団体にしかるべきポストをあてがわれる。天下りである。いや再就職なのだ。

しかもこの再就職は、都庁がコントロールしていることにはなっていない。都庁は各外郭団体へ都庁ＯＢを推薦しているに過ぎない。決定権はあくまで団体側にあり、都庁は「ＯＢの中にこんな人材がいますがどうですか」と情報提供をしているだけということになっている。だから「再就職」なのだ。

だが、そんなことはあるわけがない。仮にＡ団体が都庁の人事部から提示された退職者のＢ氏を拒否したらどうなるか。Ｂ氏は就職先を失い、Ａ団体は自分たちの力で別の人材を見つける必要に迫られるが、そんな力はない。第一、各団体は請負《うけおい》業務や予算の面で都庁と深く結びついている。大半の団体が都庁の仕事を下請《したう》けしている立場にあるのだ。したがって、都庁の人事部の意向に背くことなどありえない。団体の自由意思が入り込む余地など初めからないのだ。「都庁からの推薦に基づく団体での意思決定」とは一見筋の通った理屈に見えるが、現実社会では、いかにも苦しい役人的な言い訳としか受け止められないだろう。

先に触れたように、局長級や本庁の枢要部長級は、どこにも書いていないが65歳までどーんとまとめて面倒を見ることになっている。局長級であれば、1000万円台の年収が約束される。

一つのポストに5年間いるとは限らず、人によっては数か所の団体を渡り歩くケースもある。ただし、その昔問題になったような、団体を辞めるごとに退職金が支給されるなどという美味《おい》しい話は今はもうない。次第に条件が悪くなることもある。だとしても、都庁村の掟に逆らわず大人しくしていれば最低限の保障はしてくれる。ここがポイントだ。

かくして、幹部OBの天下り、いや再就職人生は永久不滅なのである。

都庁ホールディングスの傘の下で

さて、65歳には例外がある。副知事経験者である。彼らは70歳まで外郭団体等の要職に就《つ》くのが原則である。このルールもどこにも書かれてはいない。70歳まで都庁のために働かされるのが本人にとってはたして幸福なのか、にわかには判断できないが、一応そうなっている。

副知事は条例で4人まで置くことができると定められているが、3人体制の場合が多い。なぜなら、空席をひとつ残すことで、知事は都庁幹部職員の出世競争を刺激して、意のままにコントロールできるからである。鼻先に人参《にんじん》をぶら下げられた馬のように、都庁幹部職員は御者《ぎょしゃ》の思いのままに動くことになる。石原慎太郎知事時代によく利用されていた人心掌握《しょうあく》術である。

副知事の任期は4年。途中交代（解任？）が近年では頻発《ひんぱつ》しているが、それでも副知事経験者の数は局長OBなどに比べて極端に少ない。この希少種の退職後の収まり先は概《おおむ》ね決められている。指定席があるのだ。

ここまで「外郭団体」と表記してきたが、都庁ではいわゆる外郭団体を以前は監理団体、報告団体と称していた。現在は「政策連携団体」と「事業協力団体」に区分して掌握している。現在、33の政策連携団体と33の事業協力団体が指定されている。一覧表を眺《なが》めていると、「ほー」とか、「へー」とか言いたくなるはずだ。それほど、珍しい団体名が並んでいる。

身近なところでは、世界6大マラソンにまで成長した東京マラソンを運営する（一財）東京マラソン財団、恩賜《おんし》上野動物園などを管理する（公財）東京動物園協会、変わったところでは、㈱はとバスや東京臨海高速鉄道㈱（いわゆる、りんかい線）、多摩都市モノレール㈱なども含まれる。

こうした数多くの団体に都庁の仕事の一部を委託し実働部隊として活用することで、巨大な都庁ホールディングスが形成されている。ゆめゆめ都庁イコール西新宿の都庁本庁舎だと思ってはいけない。政策連携団体等を含めた都庁ホールディングスこそが都庁の本当の姿なのだ。だからこそ、各団体のトップの人事権を（形式上はどうであれ）都庁が実質的に握っているのは当然とされる所以《ゆえん》なのである。

ただし、外見だけで都庁ホールディングスの一員かどうかを見分けるのは簡単ではない。○○財団や△△公社などの名称であれば、なんとなく東京都関連の公共的な団体だと察しがつく。産業労働局なら（公財）東京都中小企業振興公社、福祉保健局なら（公財）東京都福祉保健財団、生活文化局なら（公財）東京都歴史文化財団、環境局なら（公財）東京都環境公社といった具合である。いずれも、局事業の多くを受託している重要な団体だ。こうした財団や公社は各局事業の下請け機関として、ヒト・モノ・カネで密接に紐《ひも》づけられている。

一方で、株式会社の場合はよほどの事情通でなければ、名称だけで都庁との関係を見抜くのは難しい。はとバスで「へー」と思ったのと同様、例えば、有楽町駅前の旧都庁舎跡地に立つ東京国際フォーラムは、㈱東京国際フォーラムが管理運営を行っている。株式の51%を東京都が所有し、社長には民間人を当てる一方で、常務取締役、総務部長、総務課長の要職を都庁の現役職員が担《にな》っている。つまり、トップのOBに限らず、枢要ポストに現役管理職を送り込むことで、団体の動きをがっちり握っているのである。

都庁ホールディングスの影響力は、人事の網をOB・現役を問わず隅々にまで張り巡《めぐ》らすことで盤石《ばんじゃく》なものになっていると言っていい。

副知事経験者の指定席

話を副知事経験者に戻そう。副知事経験者の指定席の代表格は、東京都競馬㈱と㈱東京臨海ホールディングスである。前者は、地方競馬の雄・大井競馬場を特別区競馬組合に、伊勢崎オートレース場を伊勢崎市に賃貸する隠れた優良企業であり、東京サマーランドの経営もしている。

また、後者はその名の通り、関連会社5社を傘下《さんか》に収める臨海副都心のまとめ役的な存在である。有名なところでは、コミケ会場としても名高い東京ビッグサイトを管理運営する㈱東京ビッグサイトや、新橋と豊洲を結ぶ無人交通システムを運行する㈱ゆりかもめも、このホールディングスの傘下にある。

一風変わったところでは東京地下鉄㈱、いわゆる東京メトロがある。純民間企業だと思っている人も多いだろうが、国と東京都が株をほぼ折半している準国策企業である。なにしろ、前身は帝都高速度交通営団である。持ち株割合は概略、国53対東京都47であり、その時々で副社長や副会長のポストに副知事経験者が座っている。

ただし、この絶妙なさじ加減が様々な厄介《やっかい》ごとを引き起こすこともある。東京の地下には東京メトロのほかに都営地下鉄が走っている。メトロと都営の合併話は昔から「湧《わ》いては消える」を繰り返してきた。メトロより後発の都営地下鉄はドル箱路線をメトロに占有され、赤字体質から抜け出すのに苦労した。一方のメトロにしてみれば、お荷物の都営地下鉄をあえて抱え込む必然性がない。猪瀬直樹都政下で一悶着《ひともんちゃく》あったが、バカの壁で有名になった九段下駅の乗り換え改善策が講じられただけで、合併話は沙汰止《さたや》みになった。

また、国は国でメトロ株の上場を何度か画策《かくさく》したことがある。国の財政に良い影響を与えること間違いなしだが、国と東京都そしてメトロ本体の思惑などが錯綜《さくそう》し、未だ実現に至っていない。

都庁ホールディングスが都庁OBや現役職員を関係団体に送り込み影響力を行使する手法は、民間企業のやり方と何ら変わらない。「天下り先」に厳格なランクがあるのも同じだ。ただ、税金で成り立っている自治体の振る舞いとしてどうなのかという問題は当然ある。官僚は退職後の自らの既得権益を決して手離さない、という天下り批判は都民・国民の中に根深い。

だが、「天下り先」をクビになった当事者が言うのもなんだが、「天下り、けしからん」の一言で片づけられるほど事は単純ではない。都庁が担う膨大《ぼうだい》で広範な役割を狭義の都庁だけで果たすことができない以上、人事のネットワークを駆使《くし》して関係団体を掌握しコントロールしようとするのは、一種の必要悪ではないだろうか。

問題は、その関係性が不透明であったり恣意的《しいてき》であったりすることだ。税金の流れつく先が外郭団体であるなら、その透明性や健全性が確保されているのか。監視の眼が行き届かなければ、世間の批判にさらされても仕方がないであろう。

しかも人事の側面では、トップの決定などの人事権が各団体に形式上は与えられているにもかかわらず、実質的には都庁人事部がすべてを差配している構図は、(公財)東京オリンピック・パラリンピック競技大会組織委員会の森喜朗会長交代劇を想起させる。独立した組織の会長人事を政府が実質的に牛耳っていたのと瓜《うり》二つである。
都民への重い説明責任を都庁も都知事も負っていることを忘れてはならない。

2

都庁出世レース観戦記

二度の昇任試験で人生が決まる？

よく知られているように、都庁には就職後も二つの昇任試験が待ち構えている。いわゆる主任試験と管理職試験である。いずれも筆記試験と論文でふるいにかけられる。管理職試験には面接が加わる。勤務評定が加味されるとは言え、社会人になってまで筆記試験とはご苦労なことである。ただし、都庁のような巨大組織において、情実人事や恣意的な昇格・降格を排除するには、やむを得ないシステムであろう。

とにかく、当事者たちにとっては、第一関門である主任試験をパスしなければ、係長にも上がれずに一般職員のままで役人人生が終わってしまうのだ。真剣にならざるを得ない。多くの若手職員がトライする。そのため、庁内では各所で仲間を募り勉強会が催される。なかには、組織ぐるみで取り組む局や事業所もある。筆記試験だけでなく、上司を面接官に見立てて模擬面接を行って準備万端で本番に臨《のぞ》むのである。

試験日が近づくと、受験者に上司がこんなことをささやくことがある。「君、そろそろだね。試験勉強、大変だろ。今週は有給休暇、取っていいから」。本人以上に、組織にとって合格者を多く輩出することは名誉なのである。

どこか本末転倒の主任試験狂騒曲が毎年のように繰り広げられている。都庁の風物詩の一つである。

AとB

第一関門である主任試験の受験資格は、早ければ都庁に入って3年目、通常5年目に得られる。

次に、主任として経験を積んで挑むのが管理職試験だ。試験には、若手登用の管試Aと経験を積んだ人材を活用する管試Bの2種類がある。以前はAとBは厳格に適用され、Aがエリートコース、Bはたたき上げコースのように位置付けられていたが、最近では適材適所という名の総動員態勢が敷かれ、A・Bの別なく頻繁《ひんぱん》に人事異動が実施されているため、昇任に当たって、AとBの差異はほとんどなくなっている。

内部登用試験の存在は人事の公平性を示していると思われがちだが、同時に厄介な問題も内包している。職場の誰もが人の上に立つべき人材だと認めても、試験に合格しなければ（あるいは本人が受験しなければ）、その人はいつまでたっても管理職にはなれないという問題である。

実際、管理職試験の人気は高いとは言えない。職員の中には、30歳、40歳になって試験勉強もないだろうとの思いも強い。また、都庁では年々、管理職への業務上の負荷が増大しており、職責と処遇の間にアンバランスが生じ、とてもじゃないが割に合わないと感じている職員も少なからずいる。

こうした傾向は小池都政になって以降、確実に強まっている。ワーク・ライフ・バランスを強調する小池知事だが、その実態は真逆である。知事サイドからの生煮えの指示と矢の催促に、管理職たちは疲弊《ひへい》しきっている。

こき使われた挙句《あげく》、上の意向に背けば簡単に飛ばされるような管理職に、誰がなりたいと思うだろうか。職員はちゃんと見ているのだ。そこそこの都庁人生を望む大多数の職員に対して、魅力的な管理職像を提示し、その気にさせることは並大抵のことではない。

管試同期という名のライバルたち

さて、同じ年度の管理職試験に合格した者は管試同期として仲間意識を醸成《じょうせい》する。管試Aの場合、同期は20人程度。ローテーション期間（国、都内の自治体、民間企業等への派遣研修）を終え、出先課長の駆け出しぐらいまでは横一線の仲良しグループを保っているが、本庁の課長になると、どの局のどの課長ポストに就くかで微妙な差が生じてくる。

第一関門は、課長歴を積んだ先に、各局の総務課長（財務局の財政課長や総務局の人事課長などの枢要課長ポストを含む）に昇格できるかである。ここで多くの同期が振り落とされていく。この頃になると、人の情として、同期同士の連絡も自然と途絶《とだ》えがちになってくる。「ああ、私は出世コースから外れたな」と思い知らされるからである。

次のステップは部長ポストだ。以前は、部長昇任時に出先機関や外郭団体などで経験を積むルートが一般的だったが、最近は人材枯渇《こかつ》もあってか、課長時代から部長時代まで、一度も西新宿の本庁舎を離れずに役人人生を送る管理職も増えてきた。そうなると、上のご機嫌ばかりを気にして現場を知らない幹部職員がはびこり、彼らによって知事周りが固められてしまうことになる。

知事にとっては使い勝手のいい上目遣いの人材を侍《はべ》らせることができてご満悦だろう。また、知事の覚えめでたい彼らは、同期のだれよりも早く昇格する。しかし、都庁の幹部人材育成の観点からは由々《ゆゆ》しき傾向が続いていると言わざるを得ない。

さて、めでたく本庁の部長になっても安心はできない。次に目指すのは各局の総務部長（または主計部長や人事部長）である。このポストまで到達して初めて、局長ポストが視野に入ってくる。総務部長級の段階で、同期の仲良しグループは数名にまで絞《しぼ》り込まれている。大半の者が自分の都庁人生の終着駅をいやが応でも思い描くことになる。

どうしてあいつばかりがいいポストに異動して、自分はいつまでもうだつが上がらないのだ、と嫉妬《しっと》の気持ちが芽生《めば》えもするが、だからといって極端に気落ちする者は少ない。多少のジェラシーはあっても、いつの間にか悟《さと》りの境地に達している。なにしろ、身分と収入が今以上に下がること（降格や減給）はほとんどないからである。

こうして人もうらやむ総務部長になったからと言って、その人物が仕事ができ、部下の評価も高く、人格も申し分ないなどということはない。部下の職員からすれば、なんであの人が……と思ってしまう人物が大半を占めているのは、他の組織・企業と似たり寄ったりである。

局長にも種類がある

それはそれとして、いよいよ局長である。

局長級といっても、実は様々な種類がある。ざっくり言って、下から、理事、次長、行政委員会事務局長、一般的な局長、官房三局長（後述）となる。理事や次長は局長の下にいるナンバー2、3あたりの位置づけである。専門分野を分任したりはするが、最終責任は局長にあるので案外気楽なポストである。行政委員会事務局長とは、人事委員会、監査事務局、選挙管理員会などの事務局長を指す。○○局長より一段格下の「中二階《ちゅうにかい》」局長と呼ぶこともある。

「中二階」局長は、局長仲間の中で人知れず悲哀《ひあい》を感じている。都議会の本会議場では後方の席に追いやられ、答弁の機会もほとんどない。知事に何かを説明することさえ稀《まれ》である。暇でいいや、と開き直るしか身の置き所がないポストである。

局長にも序列がある。まず交通局、水道局、下水道局のいわゆる公営企業三局長は、自らが任命権者（一般的な局は知事が職員の任命権を有している）という意味で別格であり、給与も高いが、都政の中で占める重要度は高いとは言えない。

仮に知事の意にそぐわない局長がいたとしよう。その局長を飛ばしたいと知事は考える。「中二階」に格下げすると、あまりに露骨で自らの評判にも傷が付く。そこで、この公営企業三局のいずれかの局長に異動してもらう。格付けも上位であるし、見た目も右肩上がりである。小池知事は1期目、「中二階」への格下げ人事を連発し、幹部たちを震え上がらせたが、2期目になると、見た目優遇・実質左遷《させん》の人事を多用するようになった。

この他にも条例局長という呼称がある。これは東京都組織条例の第一条に明記された12の局の局長を指す言い方である。一方、条例に記載されていない局としては、古参の中央卸売市場、病院経営本部などがある。条例局長ではないが、何かと話題になる局である。

そうした中、小池知事は1期目の4年間で、住宅政策本部や戦略政策情報推進本部などを乱立させている。コロナ禍の2021年春には、デジタルサービス局なるものまで創設した。都民ニーズへの対応のためとは名ばかりで、都議会からの要望に応《こた》えるため、あるいは自分が強い関心を持つテーマを目立たせるために、組織いじりをしているとしか思えない。第一、局と局長の数を無闇に増やすことは組織のスリム化や行政改革路線に逆行しているのだが、不思議と批判の声は聞こえてこない。

もう一つ、都庁内でよく使われる言葉に官房三局がある。政策企画局、総務局、財務局である。政策企画局は過去、企画審議室、政策報道室、知事本部、知事本局と呼称と内容を変えながら今日に至っているが、総務局と財務局は不動のラインナップである。

この三局長は条例局長の中でも群を抜いて重要なポストだ。政策企画局が政策・情報を、総務局が人事・区市町村を、財務局が財政・予算をそれぞれ担当しているからである。そして何よりも、官房三局長こそが副知事への登竜門と位置づけられているからである。

トップに気に入られて副知事になる方法

副知事へはこの官房三局長から上がるケースがほとんどだが、近年の副知事レースを見ると、財務局長経験者が大半を占める傾向にある。やはり、「カネは権力なり」なのである。財務局長を狙うなら、都の予算を掌握する主計部長、あるいは主計部で課長を経験するのが王道である。つまり、主計部人脈に連なることができるかどうかが、運命の分かれ道になると言っていい。

石原知事時代には、カラオケがうまいというだけで（!?）副知事に抜擢された人物もいたようだが、副知事は、なりたくてなれるポストではない。時の運、知事との相性など、不確定要素が大いに絡《から》む。それでも、副知事になれる、なりやすいタイプというものがある。専門分野で信頼を勝ち取るか、あるいはイエスマンになり切るか、この二つのどちらかである。

例えば、知事が掲《かか》げた選挙公約の実現に尽力した場合である。大抵の知事は選挙中に、できもしないことを公約に掲げる。後で困るのは役人である。なぜ公約の実行が困難なのかと知事に詰め寄られた時、専門知識を駆使して説明に努め、具体的な解決の道筋を示して、公約の一部でも実現できれば、その局長の勝ちである。そこで得られた信頼は絶大で、知事はその人物を手放せなくなる。めでたしめでたし。

だが、こんな教科書に書かれるようなケースは稀である。大半は、知事に逆らわず、自分の意見を主張せず、汚れ仕事も苦にせずこなし、調整役に徹する、そんな局長が副知事ポストを射止めるケースが多い。総じてこの手のイエスマンは、職員の評価とは反比例する形で、上に上がれば上がるほど評価が高まる傾向にある。悲しいかな、これが人間組織の定理である。

逆に、絶対に副知事になれないタイプというのもある。一番マズいのは、頭が切れて仕事がバリバリできるタイプである。イエスマンの真逆で、職員からの評価はそれなりに高い。厳しいが一目《いちもく》置かれている。だから当然、次期副知事はその人だと誰もが信じて疑わないのだが、なぜかそうはならない。

知事にしてみれば、切れ者幹部は自分を脅《おびや》かす存在でしかない。いくら仕事ができても、正論や持論を聞かされてばかりでは、知事は「私を誰だと思っているのだ！」と気分を害してしまうのだ。結果、切れ者は排除される運命にある。これもまた、人間組織の定理である。

それにしても、最近の副知事はめっきり小粒になってきたように感じる。職員にとって存在感が希薄なのだ。いてもいなくてもどうでもいい副知事。知事にコバンザメのようにくっついて離れない副知事。小池知事になってこの傾向は加速している。役人生命を賭《と》してダメなものはダメと言える副知事はもういなくなってしまった。役人の矜持《きょうじ》を見せてくれる副知事を望む声は職員の中で高まっているのだが、所詮《しょせん》、無い物ねだりなのだろうか。

裏約束と抜擢人事

人事に裏約束は付きものである。「君ぃ、もう少しの我慢だから。悪いようにはしないからさ」とは、テレビドラマのセリフだけとは限らない。私も三十数年間の都庁人生で何度か同じような言葉を局長や副知事から掛けられたことがある。しかし、この手の口約束は99％反故《ほご》にされると考えたほうがいい。

人事は常に流動的で、1年後、半年後の異動をフィックスさせるほど甘くはない。約束の時期が来ると、約束した本人が異動していなくなっていたという冗談みたいなこともよく起こる。まるで、裏約束をした人物は自らの異動を前提にして空手形《からてがた》を切っていたかのようである。

もちろん、人事異動のシーズンに上層部に取り入ってポストをゲットしたという噂話は何度も聞いた。極《きわ》めつけは、知事や知事の取り巻き連中に直談判《じかだんぱん》して、希望のポストを得たというものだ。副知事や特別秘書におねだりするというヤツである。泣きつくほうの鉄面皮《てつめんぴ》も問題だが、泣きつかれて希望を叶《かな》えてやるほうもどうかしている。人事の私物化を何とも感じていないらしいのだ。私にはそうまでするダークなエネルギーが理解できないが、それが人を狂わす人事の怖さなのだろう。

もう一つ、人事にありがちなのが抜擢人事である。どんな知事であれ、都庁の内部事情がわかりはじめて幹部の陣容も把握できてくると、これに手を出したがる。人事部の言いなりになっていないことを内外に示したいのか、それとも組織を私物化して悦《えつ》に入ろうというのか、目立ちたがり知事は、人事でも目立ちたがろうとする傾向が強いので厄介である。

抜擢人事は、発表直後こそ耳目《じもく》を集めて拍手喝采《かっさい》を浴びるが、その後の経緯をたどると、必ずと言っていいほど失敗する。知事以外にも人事部自らが人事異動の目玉として抜擢を仕掛けることがたまにある。それでも必ず失敗する。

理由は二つ考えられる。まず、引き上げられた人物に相応の能力が備わっていないからだ。そもそも能力があればもっと偉くなっていてもおかしくないわけで、抜擢前のポジションに甘んじている時点で抜擢は既に失敗している。

だが、人事には「埋《う》もれた人材」伝説がある。自分たちが知らない逸材が組織に埋もれてどこかにいるはずだ。人事はそんな人材を探し出して引っ張り上げなければいけないという思い込みである。すべてを否定はしないが、だとしたら、行うべきは引き上げではなく、まったく別のポストに異動させて埋もれた能力の開花を試してみることである。垂直方向の異動ではなく水平方向の異動による人事異動こそが必要なのである。

抜擢人事が失敗するもう一つの原因は、人間集団が持つ無意識の嫉妬感情である。民間企業であれば、嫉妬渦巻《うずま》く中でも業績を上げれば誰も否定できないが、公務員の場合、仕事の出来不出来に明確な物差しがないため、足を引っ張ろうと思えばいくらでもできてしまうのである。

周囲が抜擢された者を疎んじるだけでチームワークは乱れ、仕事は滞《とどこお》る。実際、人事や予算の部門に未経験者を配置しても、周りはその道のプロだらけで、抜擢された管理職は手も足も出ない。「ああ、やっぱりダメだったじゃないか」となるのは時間の問題である。

垂直異動の抜擢人事は、本人も傷つき、組織も無用なロスを抱え込む。やるなら、水平異動で能力と適性を見極めるべきである。恣意的な抜擢人事を乱発し、組織を混乱させている小池知事には、この点を是非ともご理解いただきたい。

3

記者会見場の人間模様

会見打ち切りの不思議

知事の定例記者会見は原則週1回、第一本庁舎6階の会見場で行われる。小池知事は毎週金曜午後2時スタートを旨《むね》としている。ネット中継を通じて誰もがリアルタイムで視聴できる。

会見の主役はもちろん知事だが、主催はあくまで都庁記者クラブと呼ばれる大手メディア各社で構成する団体である。クラブの歴史は古く、都庁が有楽町にあった時代から営々と続いている。新聞社を中心とする「有楽クラブ」とテレビ局などで構成される「鍛冶橋《かじばし》クラブ」が合併したものである。

以前は、このクラブに所属していなければ会見に参加できなかった。今ではフリーのジャーナリストも含めて自由化され、近年では、ネット系の新興メディアが存在感を増している。

ネットメディアは小池知事のお気に入りである。既存のメディアは知事に批判的なところが多い。それを嫌って、あえてネットメディアにすり寄ったのだ。ネットメディアも存在感を増したいがゆえに、権力者におもねる態度を隠そうとしない。両者の利害が一致したというわけである。

定例記者会見に話を戻す。主催者の意向とは関係なく、会見は往々にして知事の都合で一方的に打ち切られる。「それじゃあ、次が最後の質問で……」と記者席を制し、返答が済むと知事はそそくさとドアのほうに向かう。記者席から「まだ、質問が残っていますよ」「○○についてどう考えますか?」と声が飛ぶが、知事は振り向くこともなく記者の問いかけを無視していなくなる。

会見の開始時刻は知事サイドの都合で遅延、変更されるのにもかかわらず、終了時刻だけは予《あらかじ》め知事サイドに決定権があることになっている。おかしな話である。会見後のスケジュールの関係はあるにしても、毎回とはいわないが、記者からの質問が尽《つ》きるまで対応するのが知事の務めなのではないか。他の自治体ではそうしている知事もいる。

会見では稀にだが、特定の記者と知事がムキになって言い争う場面があるが、知事は何も、目の前の記者を相手に質疑応答を行っているわけではない。記者の後ろにいる、メディアを視聴する都民・国民に向かって話しかけているはずだ。それを忘れて、記者の質問を無視したりはぐらかしたり、あるいは、こそこそと逃げるように会見場を去る知事に、都民への誠意を感じることはできない。

小池知事の愛想《あいそ》笑いとドヤ顔、それに不愉快そうな表情をご覧になりたければ、毎週金曜の定例会見をお勧めする。

謎のペーパーとメディア・コントロール

会見場で小池知事が懇意《こんい》の記者しか指名しないことは業界筋ならずとも有名な話である。会見が始まると、担当職員から知事にこっそり手書きのペーパーが手渡される。そこには記者席のどこに、どの社の誰が座っているかが記されている。

知事はこのペーパーを手元に置き、自分が贔屓《ひいき》にする記者を指名する。知事は首を左右に振って次に指名する記者を探し、ランダムに当てているように見えるが、そんなことはない。誰がどこの記者なのかを把握した上で、完全に計算ずくで指名しているのである。

だから、批判的な記事を書く記者は最初からマークされ、たとえ手を挙げても質問する機会を与えられることはほとんどない。いつまで経っても指されないので「もう質問するのは諦《あきら》めました」と心情を私に吐露《とろ》してくれた全国紙の記者もいたくらいである。逆に、昵懇《じっこん》の記者は毎回のように質問を許され、そのたびに知事から微笑みを返される。その差は歴然である。

小池知事1期目の初期、知事がまず取り組んだのは若い女性記者の懐柔《かいじゅう》だった。メディア各社は駆け出しの記者を都庁に配置することが多い。ちょうどいい練習の場なのだろう。その中で女性記者も目立つ。知事は機会を見つけて不慣れな女性記者たちに声をかけ味方に引き入れた。報道番組のMCあがりの知事にとっては朝飯前。自らが女性であることを武器に女性の味方を演出する典型例である。

知事に気に入られたと勘違いした彼女たちは、会見の場で「休みの日は何をして過ごすか」とか「きょうの服の色は……」とか枝葉末節《しようまっせつ》の質問をして記者仲間の失笑を買っていた。その一方で、前述した通り、自分にとって不利な記者に対しては、徹底的に排除の姿勢で臨んでくる。これが小池流のメディア操作術である。

さすがメディアの扱いに長《た》けた知事だと喝采を送っている場合ではない。小池知事のメディア懐柔とイメージ操作は、事の本質をベールで覆《おお》い隠し、都民の知る権利を気づかないうちに侵害しているのである。

会見前の打ち合わせが知事最大の関心事

さて、会見の冒頭は知事からの情報提供タイムだ。質疑の時間はこれが終わってからになる。実はこの会見冒頭の発表ネタを仕込むのが、事業を所管する各局にとって一苦労なのである。

コロナ禍にあっては都からの発表案件もコロナ対策に限られる傾向にあるが、平時においては何か良いネタはないかと、知事サイドから矢の催促を受ける。毎週必ずメディアの気を引かなければ満足しないのが、小池知事だからである。

目立つネタ、取り上げてもらえそうなネタが、毎週出てくるはずもない。それでも、乾いた雑巾《ぞうきん》を絞るように、各局はどうでもいいイベント情報をかき集めては、知事サイドに差し出す。どれだけの時間と労力が費《つい》やされたのかを知事本人は知るよしもない。

ある局の広報担当者がこう表現していた。「毎週のように、知事に持たせる花束を作らされてばかりいる。毎回、違う種類の花でなければ気に入ってもらえないから大変だ。こんな仕事、もううんざり」と。こんな調子だから、せっかく用意された花束は大抵《たいてい》が安物の造花である。

毎回、小脇にファイルを抱えて会見場に入ってくる小池知事だが、直前までドタバタ劇が繰り広げられていることはあまり知られていない。

小池都政下、知事への説明で最も重要視されているのは、現下の重要案件でも予算案件でもない。会見のための打ち合わせである。会見での質問に窮《きゅう》することなく、弁舌爽やかに答えられるかどうかが、小池知事最大の関心事に他ならない。そして、会見を乗り切るための強力なツールが、直前まで手を加えられる想定問答集、すなわち、あのファイルなのである。

想定問答の打ち合わせは会見の数日前から始まる。一発OKという場合は稀である。何度も練り直しをさせられる。想定問答には、テーマごとに各局から上がってくるものと知事サイドから指示するもの、さらに知事サイドが直接作成するものの3種類がある。特に、旬《しゅん》の話題や政治ネタは会見直前まで確定しない。

午後1時55分、会見開始まで残り5分を切るまで、知事執務室の中では想定問答の資料に加筆訂正等が行われる。小池知事の言語感覚は鋭い。その場で想定問答のペーパーに鉛筆でさらっと、修正のフレーズを書き入れることもしばしばである。現役時代、私は何度も目撃しているが、敵ながら（？）天晴《あっぱ》れと思ったことを覚えている。

小池知事の自分の発する言葉へのこだわりは並大抵ではない。しかし、それは都民のことを考えてではない。言質《げんち》を取られないように、言葉尻を捕まえられないように、細心の注意を払っているに過ぎないのだ。こうして自ら手を加えた付箋《ふせん》付きのファイルを抱え、神妙な面持《おもも》ちで会見場に登場するのである。

謝罪会見のお辞儀《じぎ》の静止時間と角度

6階会見場は知事定例会見で利用されるだけではない。新規事業や計画の発表時に担当者が説明会場として使用したり、外部の方が会見を開く場合（例えば、知事選への立候補表明や訴訟提起の発表など）もある。

都の役人が最も恐れるのは、公金横領といった職員の重大な不祥事に関して、メディアに説明・謝罪する場として利用する時である。矢面《やおもて》に立つのは不祥事を起こした本人ではない。所属する局の幹部職員である。局長、所管部長、所管課長、人事担当課長といったフルキャストの責任者が並ぶこともある。

このお馴染《なじ》みの謝罪会見、民間では専門家などを交えて事前準備を綿密に行う場合もあると聞くが、都庁の場合はほぼぶっつけ本番である。そもそも個々の管理職にとって一生に一度あるかないかの経験だ。都庁内で謝罪会見のノウハウが蓄積・継承されているはずもない。だから、毎回、初心者集団によるしどろもどろの会見にならざるを得ない。

幸か不幸か私は、三十数年間の役人人生で3回ほど経験してしまった。初めての謝罪会見はある事業局の不祥事を説明・謝罪する場で、私自身は人事課長として同席を求められたに過ぎず、気軽な気持ちで臨んだ。元上司でもあったある局長が冒頭の謝罪のお辞儀を開始した後、ちょっとした珍事が起こった。

お辞儀で下げた頭を上げるタイミングをそろえるため、横目で局長を見ていた私は驚いた。この局長、いつまで経っても頭を上げないのだ。こうなりゃ私も意地でも頭を上げないぞと思った。15秒、まだだ。30秒、まだ上げない。会見場の雰囲気がざわつき始めたのがわかった。結局、1分近くは頭を下げていたと思う。誠意を表すにも限度というものがある。過ぎたるは及ばざるがごとしとは正にこのことである。

お辞儀の静止時間とともに重要なのがその角度、そして複数で頭を下げる際にはどうシンクロさせるかである。

お手本となる事例が2016年9月30日に起こった。小池知事が初当選し築地市場の移転が延期された直後、豊洲市場の地下にあるべき盛り土がなく、謎の空間の存在が明らかになった。急きょ中央卸売市場次長に命じられた私が取りまとめた「自己検証報告書」の発表の日だった。

報告書の発表とはいえ、事実上の謝罪会見だった。担当の副知事、市場長そして私の3人が深々と頭を下げる写真が、翌日の新聞各紙を飾った。今見ても美しいお辞儀と言わざるを得ない。事前の打ち合わせが功を奏《そう》した。中央の副知事のタイミングに残りの2人が合わせると決めていたのだ。都庁の後輩の皆さんには是非、今後の参考にしていただきたいものである。

メディアとはギブ・アンド・テイク

メディアとの付き合いは職層が課長、部長と上がるにつれて増えてくる。局長級ともなれば、記者との個人的なつながりもいくつかできてくる。その時、記者との距離感をどう保つかは難しい問題である。つかず離れずの姿勢をキープする人もいれば、夜の部を交えて敢《あ》えてズブズブの関係を築く人もいる。中には、若い女性記者との関係を重視する局長も……。

記者と役人の関係はギブ・アンド・テイク、情報の貸し借りの世界である。ある時は意図的に情報を流し、ある時はその見返りに手心を加えてもらう。そうした駆け引きの中で記者は特ダネを狙ってくるのである。

昔の副知事には腹の据わった人物もいたもので、自宅を訪れた新聞記者を招き入れ、酒と食事を共にしてそのまま自宅に泊まらせた挙句、翌日、公用車で都庁に一緒に出勤したというのだ。こんな芸当ができるのも、副知事が都庁の情報をすべてコントロールし、知事に代わってメディア対応を任されていた時代だからである。

だが、これは過去の話だ。現状のように、知事サイドが厳格な情報統制を敷き、情報漏洩《ろうえい》の犯人探しに躍起《やっき》になっているようでは、副知事の腹芸《はらげい》の出番はもはやない。小池知事の口癖の一つが「ワンボイスで！」である。裏を返せば、自分と違う意見や自分の知らない情報がメディアに流れてしまうことに、神経をとがらせている証左である。ワンボイス・イコール言論統制とまでは言わないが、どこかの国の独裁者が好みそうな言葉である。

それはさておき、市場移転問題にかかわっていた時期、こんなことがあった。当時の私は様々な記者との情報交換を時時刻刻、行っていた。ある晩、ひとりの新聞記者が私の自宅の呼び鈴《りん》を鳴らした。時刻はすでに午後8時を回っていた。私はまだ帰宅していなかった。

「どちら様ですか」と妻がインターホン越しに尋ねた。すると、「夜分にすみません。○○新聞ですが……」と答えが返ってきた。モニターを見ると、むさくるしい男が立っている。妻はこう返した。「え？　あ、うち、新聞は間に合ってますから。△△新聞、取ってますから」

そのあと、どんなやり取りがあったのかは知らないが、その記者からメールをもらった私が帰宅すると、玄関で記者と妻が楽しげに立ち話をしていた。わざわざお越しいただかなくても、と私が言うと、記者は苦笑いしながら、いえね、もっとザックバランにお話を聞きたいと思いまして、と分かったようで分からない理屈を口にした。夜討ち朝駆けは日常的だった。記者の方々も人の懐《ふところ》に飛び込む術《すべ》を十分に把握していたのである。

4

当世都庁職員気質

居酒屋で「都商事《みやこ》」といえば……

その昔、有楽町に都庁があった頃の話である。

昼休みともなると、口に楊枝《ようじ》をくわえて足元はスリッパ履《ば》きの出で立ちで、丸の内界隈《かいわい》を闊歩《かっぽ》したり有楽町そごうの店内をうろつく都庁おじさん職員をよく見かけた。彼らはスーツ姿で身を固めたビジネスマンから完全に浮いた存在だった。大企業のOLたちは異物を見るように顔をしかめ、スリッパおじさんをよけて通っていた。

当時の丸の内は今とは違い、無味乾燥のオフィスビルが建ち並び、昼食をとれる洒落《しゃれ》た店はほとんどなかった。多くの都庁職員がランチを求めて銀座方面に足を運んだ。片道、徒歩5分、10分。必然的に戻りが遅くなる。午後1時を回ることも少なくなかった。

有楽町口から第一本庁舎に向かうちょうど中間点に西2号分庁舎があった。ここは衛生局（現在の福祉保健局の一部及び病院経営本部）の牙城《がじょう》である。その建物のアーチ型の通路に丸時計がぶら下がっていた。意地悪な輩《やから》が、午後1時をとっくに回った時刻に戻ってくる職員と時計を一枚の写真に収め、都庁職員はたるんでいると非難したこともあった。以来、この時計の下では顔を隠すのが都庁職員の常識になった、というのは単なる都市伝説である。

有楽町庁舎の敷地南西角には、テイノウビルという変わった名前の古いビルが建っていた。「帝農」と書く。地下1階には職員御用達の床屋があり、日中堂々と散髪に訪れる職員が大勢いた。注意する者も注意される者もいなかった。

ついでに付言すれば、有楽町の都庁は山手線の内側にも敷地が広がっていて、ガード下には喫茶店があった。山手線の外側から内側に仕事で出かけると、帰り道、先輩から「ちょっと寄っていくか、おごってやるよ」と優しい声を掛けてもらった。古き良き時代と言ってしまえばそれまでだが、西新宿ではなかなか使えない技である。

その当時、夜ともなれば有楽町や新橋界隈のガード下は都庁職員で溢《あふ》れかえっていた。職場の話をするときは、都庁のことをある隠語で呼び合っていた。「都商事《みやこ》」というのが都庁の共通言語だった。自分たちが都庁職員だとわかると白い目で見られるのが嫌だったのか、それとも関係者や業者がそばにいるかも知れないと警戒したのか。多分、そのどちらもだったと推察される。

ちなみにこの「都商事」という隠語は、現在も50代職員を中心にかろうじて生き残っているようである。

身分を隠したがる職員たち

1991年春、都庁が西新宿に移転した。前代未聞の大引っ越しは、「いちょう作戦」と名付けられた。移庁と東京都のシンボルマークの銀杏《いちょう》の葉のゴロ合わせである。移転後もしばらくは、有楽町文化が消えることはなかった。移転当初、高層ビルが立ち並ぶオフィス街に、スリッパをパタパタいわせて歩く都職員が少なからずいた。マスコミでも面白おかしく取り上げられ、ある時、業《ごう》を煮やしたある副知事がスリッパ禁止令を発する騒動にまで発展した。

あれから三十数年、さすがに無神経なスリッパ職員はいなくなったが、今時の若手・中堅職員は、逆に、身分が周りにばれるのを極端に恐れる傾向にあると聞く。昼食の外出時、ネームプレートを外して胸ポケットにこっそり入れるのは当然だとしても、あまり親しくない知り合いに対しては、自分が都庁で働いていることを敢えて伝えない人も多いようなのだ。彼らはそうした自分たちのことを「隠す人」と呼んでいる。

隠す理由はいくつかある。公務員はおしなべて9時－5時の気楽な商売だと誤解している人が未だにいるため、軽率に身分を告げないようにしている。知られれば、自分もその類《たぐ》いの人間だと決めつけられてしまうからだ。

また、公務員の給料は我々納税者が払っているのだから、都庁職員に何をしても許されるとマウントされた苦い経験があり、それ以来、身分を明かさないようにしているという若手職員もいた。さらには、都庁職員だと分かると、都政の課題をあげつらい、知事のやり方にかみつき、論戦を挑んでくる面倒なヤツがいるので、絡《から》まれないように都庁職員であることは隠している、などなど。

世間から見れば、都庁職員という肩書きは、やっかみの対象であると同時に、安易な攻撃対象として認識されているということなのだろうか。とにかく、そうした雰囲気を敏感に感じ取る今時の職員は、「隠す人」となって必死に自己防衛を図っているのである。

隠す理由は男女でも多少の違いがあるようだ。男性の場合は、若い女性から「つまんない男」「人生終わってる人」とレッテルを貼られる傾向が強く、口が裂けても公言しないと決めているという。

そうかと思えば、女性の場合には、局長や議員の愛人なんじゃないかといやらしい目で見られるから、身分は絶対に明かさない、なんてことが本当にあるのだろうか。実際に30代の女性職員から直接聞いた話なので、なんとも否定のしようがない。

中堅職員たちの本音

現在、30代から40代の中堅職員は、就職氷河期からゆとり世代につながる谷間世代である。彼らが採用された時期、都庁の採用人数はぎゅっと絞られ、１００人を切る年度も珍しくなかった。その分、超難関を突破して都庁に入ったという自負を密《ひそ》かに抱く人間も多い。就職のために留年した人や民間からの転職組も少なからずいる。

就職面接の場で、「東京から日本を変える」という石原知事の言葉に憧《あこが》れて、などと答えた人も多い世代である。その時々の都知事の言動が職員に影響を与えているのは事実で、30年前、新人だった私に職場の先輩はこう話しかけてきた。「美濃部（亮吉）知事の公害対策に憧れて都庁に入ったんだぜ、俺は」と。

今なら差し詰め、「小池知事の『女性が活躍できる東京』に共感しました」ということになるだろう。本当は違うんだけどね、そう忠告してあげたい気持ちを抑えつつ次に進む。

中堅職員には二極化の傾向が見られる。タイプAは、上の世代の話をよく聞き、遅れを取らないように身構えているタイプだ。飲み会や職場のイベントにも積極的に参加し、上昇志向が強い。片やタイプBは、すべてのことに冷《さ》めていて他人と交わるのを避けようとする人たちだ。本来、部下、後輩を指導する立場にあるにもかかわらず、その気がまったくなく、自身が周囲からの指示待ち状態というタイプである。

総括するとこんな感じだ。

上の世代を見れば、昭和型の上司が幅を利かせていて理不尽な目ばかりに遭《あ》ってきた。ところが、下を見れば、ハラスメントに厳しくなった職場に守られた若手が好き勝手にタメ口をきき、少しも上司、年上として自分たちを敬ってくれない。ああ、私たち、貧乏くじを引いてしまった、そう嘆いているようなのである。

上下に挟まれているがゆえに、この世代の職員たちは両極端に分裂しているのだろうが、そんなことを言ったら、私の世代だって若いころには「三無主義」（無気力・無関心・無責任）と罵《ののし》られ、団塊《だんかい》の世代と団塊ジュニアにはさまれて肩身の狭い思いをしてきたのだ。因果は巡ると諦めるしかない。

都庁女子職員事情

男女雇用機会均等法が成立したのは1985（昭和60）年、私が都庁に就職する1年前だった。当時の女性職員の一部は上っ張りのような制服を着ていた記憶があるし、正月の仕事始めには振り袖《そで》で出勤という習慣がまだ残っていた。若い女性職員は、おじさん職員たちから下の名前で「○○ちゃーん」と馴《な》れ馴《な》れしく呼ばれていた。すれ違いざまの肩タッチやお尻タッチも珍しくなかった。今でもこの悪弊《あくへい》が残存している可能性を否定できないのが、都庁が都庁である所以《ゆえん》でもある。

とにかく当時から、都庁職員であれば女性であっても収入面で男性と引けを取らなかった。残業に制限がかけられていたことはあるにしても、である。女性管理職はまだ極めて珍しい存在だったが、経済的な自立が実現できる環境は、民間に先んじて確立されていた。

そんなことも影響してか、都庁の女性職員は結婚に対する執着が薄い傾向にあるように思える。そういえば、課長や部長で結婚していない女性管理職は結構いる。……などと軽口をたたこうものなら、即座に差別的発言とのレッテルを張られ、バッシングの対象になりかねない。

いや、そうではなくて、私は現役時代から職員に対しては、「結婚をためらうことはない。人生、なんであれ経験してみることが大切だ。失敗したっていいじゃないか、やり直せるんだから」と真顔で伝えていた人間である。それも、男女の別なく！　加えて補足説明すれば、結婚していない男性管理職もゴロゴロいる。それでも、ハラスメントだと指弾されるなら、もう何をか言わんやである。

話が完全にそれた。

女性が自立しやすい条件が整った都庁では、目的もなくぼーっと生きている男性職員に比べ、女性職員のほうが人生設計を真剣に考えているように感じる。実際、都庁から徒歩圏内のマンションを購入することが、30代、40代の女性職員の間で密かなブームになっていたりもするのである。こうした動きは、生活の拠点を固めて、同時に不動産価値も見定めて、都庁で勤め続ける覚悟の表れではないだろうか。

さて、ここで女性職員とランチタイムの関係性について触れなければならない。年代を問わず女性職員がランチにかける情熱は、中高年の男性職員、なかでもおじさん管理職には到底理解できないものがある。新型コロナで状況は変わったにせよ、女性職員はランチタイムのためにその日一日を生きているくらいの、ものすごい勢いを感じる。コンビニ弁当を自席でかき込み、あとは口を開けて仮眠をとるのが日課の中高年職員とは大違いだ。

正午過ぎ、都庁第一本庁舎1階中央のロビースペースには、人待ち顔の女性があちこちにたたずんでいる。もちろん、男性も散見されるが圧倒的に女性の比率が高い。待ち人と連れだって向かう先は高層ビル最上階のイタリアンレストランか、はたまた新宿中央公園の裏手、十二社《じゅうにそう》界隈の隠れ家的な和定食屋か……。

とにかく、このランチ感覚を男性管理職が見落とすと、女性職員からの評価がガタ落ちになる。正午を回っての会議・打ち合わせなどもってのほか、時間厳守を心掛けるのは常識である。

独身中年職員、ネットお見合いにトライする

都庁には昔、職員同士の結婚を支援する互助的な組織があった。「結《ゆい》の会」といった。ずいぶん前に消滅したが、代わってネットの婚活が盛んだ。通常、ネット婚活の場合、職業、年収、出身大学、身長・体重など、あらゆる個人情報を開示しなければならない。もちろん、顔写真、バストショットの写真も添えて。

結婚を前提にマッチングを希望する相手にとって、「都庁勤務」のアイコンは非常に魅力的に映る。医者、弁護士には到底かなわないが、そこそこ狙いの婚活者にとって都庁勤務の4文字は極めて強力な誘引作用をもたらす。先に、身分を隠したがる若手職員のことに触れたが、ことネット婚活においては、都庁職員という弱点が強力なメリットに見事、変貌《へんぼう》すると考えていい。

実例を挙げる。50代半ばの男性。有名私立大学を卒業し、現在は課長代理（いわゆる係長）の職にある。結婚歴なし。私との長い付き合いで結婚を匂《にお》わせたことは一度

もなかった。むしろ、こいつ女性に興味がないんじゃないのか、と疑ったくらいの人物である。

そんな彼が、50歳を過ぎたころから結婚を口にしだした。聞けば、このまま独り身を続けて挙句の果てに孤独死するのは嫌だ、というのだ。身もふたもない理由だが、切実さは十分に伝わってきた。

そこで妻の伝手《つて》で何人かの女性を紹介したが、ああだこうだと難癖をつけてうまくいかず、最後の手段としてネット婚活にたどり着いた。妻はつべこべ言わずエージェントと呼ばれる中年女性に連絡するように、と強く助言した。

人間、心底やばいと思えば、行動を起こすものらしい。助言通り、彼はエージェントとの面接に臨み、プロのカメラマンに写真を撮影してもらい、ネットにプロフィール情報をアップした。

その時、奇跡が起こった。マッチング希望者が殺到したのだ。なんと人生初のモテ期が50代半ばにして到来したのである。あとはトントン拍子。20歳以上年下の未婚女性とゴールイン。最大の功労者として私ども夫婦は結婚式の披露パーティに招待された。

相手の女性が彼に対して「ピンときた」こと、2人の相性が合致したことがすべてだったにせよ、前提条件として、都庁勤務の4文字がそれ相応のパワーを発揮したことは否定できないだろう。

現在、新居を構える彼は奥様とともに、同期の独身男性を苦境から救出すべく、ネット婚活の啓蒙《けいもう》活動に勤《いそ》しんでいるという。救いの手を必要としている独身職員は少なくない。ネット婚活成功者の彼の今後に期待したい。

都庁内職場結婚は最強のサバイバル術？

管理職試験に合格すると、その後の数年間、見習い期間として国の省庁、都内の自治体、民間企業などに派遣される。いくつかの職場を渡り歩くこの期間をローテーションと言う。略して「ローテ」。

私の場合はまず某都市銀行の本店に送り込まれた。25年以上前のことである。数少ない総合職の女性が何人かいた。未婚・既婚様々だったが、同じ銀行員同士で結婚した女性が放った言葉が今でも忘れられない。

「私たち、日本最強のカップルです！」

年収、ステイタスともに共働き銀行員夫婦にかなう者はいないという意味だったと思うが、その後の日本経済の推移をみると、現時点で「ハイ、そうですね。うらやましい限りです」と安易にうなずくことはできない。

あらゆる事象が先行き不透明に陥《おちい》っている今、最強カップルの称号は、都庁の共働き夫婦に与えられてもいいような気がする。年収面では後塵《こうじん》を拝するかもしれないが、抜群の安定性は誰にも負けない。

だから、現役時代、私は部下の職員から男女のお悩み相談を受けた際、彼・彼女が同じ都庁職員との結婚をためらっていたら「色々問題はあるだろうが、これってあなたの人生にとって最大のリスクヘッジだよ。その点も忘れないでね」とお節介な助言をしていた。どこまで真意が伝わったかは定かでないが、都庁職員同士で結婚することは最強のサバイバル術であることは確かである。

実際、手っ取り早く職場で伴侶を見つける職員は数知れない。成り行きで、あるいは仕方なくそうなったにしても、結果として最強カップルが多数誕生していることは喜ばしいことである。(少子化阻止に少しは貢献できる、と言えば、またまた苦情を受けそうなのでここら辺で止めておく。)

ただし、一人ひとりの安定性が逆に作用して、職場結婚後の離婚も都庁内では残念ながら多発している。当然、離婚したからといって、どちらも都庁を辞めることはない。そうなると、人事担当としては人員配置に気を使うことになる。

同じ課や係内で結ばれた2人のどちらかが、次の異動期に他の部署に異動させられることはまだ許されるだろう。結婚していれば、お幸せにね、家で一緒なんだから職場ぐらい別でも構わないよね、で済むが、離婚した場合はそうはいかない。

しかも、都庁の女性職員は結婚しても旧姓で仕事を続けている場合が結構ある。この場合、離婚しても問題は生じない。その一方で、離婚後も、結婚中に使用していた夫の姓を使い続ける場合もある。さらに、離婚後、別の職員と再婚して、その際に使用する名字は……ああ、ヤヤこしい。

結婚、離婚の事実をきちんと把握していなければ、離婚しているのに同じ部署に配属するなんてことが起こらないとも限らない。錯綜《さくそう》する結婚・離婚情報の中で、人事部は神経をすり減らしているのが現状だ。（離婚と仕事は別問題であり、人事配置にまで配慮する必要はない、プライベートな問題に職場が介入すべきではないとの考えがあることは重々承知の上で申し上げている。）

職場内不倫の実態分析

ここからは、さらに琴線《きんせん》に触れる領域に筆を進めてみたい。

都庁で不倫はどれだけ発生しているのか……完全に危険領域だ。データがあるわけはない。だが、個人的な肌感覚で申し上げれば、民間企業に負けず劣らず盛んであるとしなければならない。しかも、若い女性職員と年上の妻子ある男性上司という従来型の不倫より、いい年をした家庭持ちの男女、つまりおじさんとおばさんが不倫しているケースのほうが、都庁では圧倒的に多いように感じるのだ。

繰り返すが、数値をもとにしたものではなく、周囲から聞こえてくる断片的な情報に基づく勝手な分析なので、くれぐれも当てにしないでいただきたい。

とはいえ、「あそこの部長とこっちの課長ができているみたい」的な噂話は、日常的に都庁内に流通している。都内某所での目撃情報、2人切りの残業中の秘め事、メールでのやり取りの露見、局長の公用車に誰それが同乗していたなど、不倫関連情報は枚挙にいとまがない。

もうお気づきのとおり、都庁内不倫の第二の特徴は、管理職同士の不倫関係が目立つということである。とにかく管理職は、精神的にも肉体的にも人知れず、くっ付いたり離れたりを頻繁《ひんぱん》に行っているらしい。

特定の管理職が次々に相手を乗り換えていく事例も散見される。肉食系の管理職の噂は庁内ネットワークによってある程度流布《るふ》しているため、その人物が異動してくる職場では警戒警報が発令される。それでも、効果がない場合もあるという。こんなことでは、都庁の管理職ってよほど暇なんだねと、あらぬ誤解を招いてしまいかねない。ホント心配だ。

ある局での話である。

パワハラ系の男性上司がいた。資料説明はいつも荒れた。罵声《ばせい》が飛び、誰が説明してもなかなかゴーサインを出してくれない。中でもパワハラの標的にされた女性管理職がいた。傍目《はため》で見ていてもかわいそうになるほど、パワハラ男性上司から責めたてられていた。のちに発覚したことだが、この2人はその当時からできていたのだ。2人とも家庭持ちで子供もいた。なんだ、あの時のアレは一種のプレーだったのか、と当時の部下たちは小声で冗談を言い交《か》わしたという。

失礼、話が落ちるところまで落ちた。

そんなことはともかく、以前、管理職同士の不倫が問題化した際、当時の副知事が「けしからん。2人とも飛ばせっ」と指示を出したとか、出さなかったとか。他人のプライベートな事柄にそこまで人事介入するのはどうかと思うが、業務に支障が出るようでは、本人たちにとっても組織にとっても、望ましいことではない。双方、大人としての最低限の配慮と注意が必要であるのは言うまでもない。

女性管理職はつらいよ

都庁の管理職に占める女性の割合は、先人たちの努力もあって国内最高水準である。配置状況を見ると、建設局などのハード系の局では依然として少数にとどまるが、局によってはある部の課長がほとんど女性というケースも珍しくない。都庁は、もはや女性管理職だからどうこうという時代ではないのである。

数字で見てみよう。警察・消防・教員を除く都庁職員約4万7000人の男女比は6対4である。そのうち管理職3400人では4対1、女性の割合は2割だ。世界標準では高くはない数字だが、国内においては群を抜いている。

そんな女性管理職にも悩みはある。その一つが小池知事主催の管理職女子会である。小池氏が知事になってから年に数回、非公式に開催されている。お声が掛かれば、拒否することはまずできない。後で何をされるか分かったものではないからだ。聞けばその場は和気あいあい、自己紹介に始まり知事の雑談が主な中身だという。だが、気を使うことこの上ない、二度と行きたくないと漏《も》らす女性管理職もいる。

こうした男女格差を逆手《さかて》に取った小池知事の懐柔策は、見方によっては逆差別のようにも感じる。女性が女性を利用して囲い込みを図ろうとする嫌らしさがプンプンしているではないか。

他方、石原知事は、女性管理職を露骨に毛嫌いしていた。どういう感覚なのか理解に苦しむが、知事執務室の説明・報告の際にもあからさまに遠ざけるので、ある女性管理職は将来に失望して依願《いがん》退職した。トップ次第で、浮かぶ者もあれば沈む者もあるのである。

石原都政に比べれば、小池都政は女性職員にとってパラダイスのように思える。ある女性管理職は、「小池さんが知事にならなかったら、私が今のポジションにいることは絶対になかった。小池知事のおかげで多くの女性管理職が日の目を見ている」と話していた。事実そうなのだと思う。しかし、そんな女性登用にも落とし穴は潜《ひそ》んでいる。

小池知事の女性登用大作戦が具体化したのは、就任2年目の春人事からである。男性社会に挑戦するジャンヌ・ダルクで売る小池知事は、まず隗《かい》より始めよとばかりに女性管理職の抜擢人事を断行した。しかし、個別事例を挙げると個人が特定されるので控えるが、そのほとんどが失敗した。

知事が進める目玉政策の担当に引き上げられた管理職が、パワハラが原因で1年で外に飛ばされ、本庁の最重要ポストの一つに未経験者を配置したものの、懸念されたとおり全く機能せずあっという間にお払い箱になるなど、死屍累々《ししるいるい》の結果に終わってしまったのである。

問題は、小池知事に女性職員を真剣に育てる気がこれっぽっちもないことである。人材の見極めもせず、その場限りのパフォーマンスのためだけに彼女たちを利用しているに過ぎない。彼女たちは小池知事にとって「女性」マークのついた小さな部品でしかないのである。だから、用無しと分かると、飽《あ》きられたおもちゃのように、ポイと捨てられる。女性登用最大の犠牲者が女性管理職であるとは、なんと皮肉なことだろうか。

5

謎多き都庁の深部へ

知事執務室のお作法

都庁第一本庁舎と都議会議事堂の間に位置する、半円形の都民広場に立ってみていただきたい。そこから都庁第一本庁舎を見上げると、正面の低層階に一段へこんだところがあるのがわかるはずだ。よく見るとそれはバルコニーである。

バルコニーの窓の奥には知事執務室の空間が広がっている。つまり、知事は執務室の窓を開けてバルコニーに出て、都民広場を見下ろすことができる構造になっているのだ。もちろん、歴代知事でこのバルコニーから身を乗り出して、眼下の民衆に手を振った人物はひとりもいない。

執務室のある7階だけは天井が他の階の2倍ほども高くなっている。7階に集《つど》う都庁幹部職員は、いやが上にも緊張感を増す。前室には、知事説明の順番を待つ各局の幹部職員が集まり、緊張をほぐすように雑談を交わしている。4人掛けのソファが2組あるが、そこには副知事や局長が優先的に座る。部課長は立ったままで所在なげである。お偉いさんと同席して肩身の狭い思いはしたくない、というのが部課長の本音でもある。

知事説明は分刻みでスケジューリングされている。お陰で予定時刻を過ぎてもお呼びが掛からないことはしょっちゅうである。30分待たされた挙句、諦めて一旦自局に戻り、30分後に再び参上ということも珍しくない。

知事執務室の大扉の外、次が出番の局幹部が直立不動でスタンバイする横では、扉の開閉を担当する係員が耳を扉に押し当てて室内の様子をうかがっている。前の局の説明が終了するや間髪《かんはつ》入れず扉を開け放ち、職員の入れ替えを速攻で行うためである。

順番待ちの幹部職員は扉が開くや否や執務室になだれ込み、我先に所定の席に着座する。退出しようとする職員とぶつかることもいとわない。一分一秒を惜しむという意味合いと同時に、知事によっては、職員がもたもたしていると不機嫌になるからである。涙ぐましくも滑稽《こっけい》な役人の振る舞いである。

知事執務室内のレイアウトは、知事によって多少の変更がある。石原知事は小ぶりの丸テーブルを少人数で囲んでの、サロン的な打ち合わせを好んだ。

他方、小池知事は長大なテーブルの端《はし》のお誕生日席に座っている。窓と平行して配置された長テーブルが知事執務室に運び込まれたのは猪瀬知事の時からである。知事の右側・バルコニー側に副知事、特別秘書、政策企画局の面々が能面のような顔をして鎮座し、左側・扉側に事業局の局長、所管部長らが緊張した面持ちでかしこまっている。

小池知事の手元には資料一式のほか、愛用のケータイとタブレット端末が置かれている。役人が説明をする最中、このタブレットに目を落とすことがしばしばあった。何を見ているのかは確かめようもないが、説明案件に関する独自のメモを表示して、何かを確認しているようにも感じられた。右手にはお茶の入ったコップ。ある時、ダイエットコーラを愛飲しているのを目撃した。ああ、この人もコーラを飲むんだ……と漠然《ばくぜん》と思ったことがある。

執務室の小池知事はワイドショーを鋭意チェック中

知事席の真後ろのダッシュボードには液晶テレビが設置されている。ニュース番組などを確認するため、執務中でもほとんどの時間帯、無音の状態でつけっぱなしになっている。

長テーブルに知事と同席する局長級、枢要部長級の幹部職員にとって、この無音テレビは何かと目障《めざわ》りな存在である。知事の方を向いて説明をしていると、どうしてもテレビ画面が視界に入ってしまい、そちらに注意を持って行かれるからである。他の出席者にしても同様で、退屈な資料説明が続くと、ついテレビ画面に目を奪われてしまう。

この無用とも思える無音テレビ、しかも小池知事からは見えない位置にあるテレビに、いったい何の意味があるのだろうか。テレビ報道を通じて常時、メディアの伝え方や世論の反応をチェックしているのである。

執務室には幹部職員以外に、知事周りの担当職員が侍《はべ》っている。テレビ画面に都政関係のニュースが流れたり、小池知事自身の画像が映し出されると、担当職員が知事に目配せをする。すると知事は「ちょっと待っててね」と声をかけ、後ろを振り返ってしばしテレビに見入る。そしてまた、何ごともなかったかのように打ち合わせが再開される。

この間、知事は表情ひとつ変えない。テレビ報道をどう受け止めたかを知る術はない。だが、自分の言動が世の中にどう受け止められているのか、気になって仕方がないのは確かである。その証拠に、知事お気に入りの番組は、TBS系の「ひるおび！」と「ゴゴスマ」である。生真面目《きまじめ》で権力批判の傾向が強いワイドショーをチョイスするあたりが小池知事らしい。

TBSといえば、なにかと小池知事とトラブることの多い放送局である。これからも、こうした事情を考慮して、番組制作に当たっていただけると面白いのではないか。

歴代の知事たちもテレビが大好きだった。初めて執務室にテレビが持ち込まれたのは石原知事の時だったと記憶している。だが、石原氏自身はテレビを熱心に見るタイプではなかった。

一方、テレビのそばから片時も離れなかったのが猪瀬知事だ。ワイドショーではなく、ニュース番組を好んだ。昼間は1時間ごとに報じられるBSニュースを、必ずチェックしていた。情報収集に余念がないのはいいとして、役人の説明も真剣に聞いてほしいと思わないでもなかった。事実、知事の生返事をGOサインと勘違いし、あとでひどい目に遭ったこともある。トップの指示は明確であるべきだ。そのためにも、わき見運転はほどほどにしていただきたい。

そんな猪瀬知事だが、自らが演じた政治献金5000万円の札束がバッグに入る入らないの茶番劇をニュース番組でチェックしたのかどうか、今となっては確かめようもない。

謎の自治体TMG、謎の組織・外務部

都庁の英語表記は、〝Tokyo Metropolitan Government〟である。直訳すると東京首都政府。その頭文字をとってTMGという。だが、カッコつけて略している割には、どこかの高速鉄道の略称みたいで誰にも通じない。まさに謎の自治体TMGである。

英語表記のついでに付け加えれば、都庁に外交の役割は与えられていない。一自治体にすぎないのだから当たり前だ。にもかかわらず都庁の組織図には、外務部が存在する。そのトップである歴代の外務長（儀典長と呼ばれていた時期もある）には、国の外務省からの人材が当てられている。いったい何をしている部署なのか。

古くは鈴木俊一都政時代、世界の諸都市と友好姉妹都市の関係を結ぶことが、全国の自治体でブームになった。テーマは世界平和、国際交流など。双方の首長が相互訪問したり、人材交流が盛んな時期もあった。

石原時代には、アジア大都市ネットワーク21なる国際的な会議体が立ち上げられ、専任の組織まで設けられた。アジア各都市の力を結集して中小型ジェット旅客機の開発をしようなどという荒唐無稽《こうとうむけい》な目論見《もくろみ》が、大真面目で進められていたこともあった。今は昔の話である。

最近では、地球温暖化問題における大都市の取組みがクローズアップされ、大都市間の連携に注目が集まっている。実際、気候変動枠組条約締約国会議（通称ＣＯＰ）の期間中、世界主要都市が温室効果ガスの排出削減に取り組むＣ40（世界大都市気候先導グループ）の会議が同時開催され、都知事が参加することもある。

また、オリンピック・パラリンピックの招致活動では、知事自らが国際会議に乗り込んで積極的にPRすることもしばしばだった。その度に、飛行機はファーストクラスか、宿泊するホテルはどのグレードか、といった低レベルの話題がワイドショーをにぎわした。

外務部のスタッフは、こうした知事の海外出張のロジ（後方支援）を事前準備の段階から一手に引き受ける黒子集団である。堪能《たんのう》な英語を駆使して、パーティの場で外国の要人と優雅な会話を交わしているわけではない。名前の割に地味な役回りだが、以前、ある局長が外務部を称してこんなことを言っていた。「あそこは、内務部だよ」

さて、私のつたない経験に触れれば、石原知事のイギリス出張に同行したことがある。マン島でのオートバイ公道レースを視察するのが主目的だったが、途中、ロンドンではロンドン市長と面会し、ロンドン五輪の招致委員会セバスチャン・コー委員長とも意見交換した。元アスリートで50歳前のコー氏のハツラツとした姿に、軽い驚きを感じたことを鮮明に覚えている。

それに引き換え、我が国は80歳過ぎのおじいちゃんかよ、と思っていたら、土壇場になって、元オリンピアンの女性政治家に交代した。だったら初めからそうしておけよと言いたくもなったが、おじいちゃんにはおじいちゃんなりの事情があったのだ。この件については後述する。

さて、ロンドンでの移動の途中、ランチタイムでのことだった。石原知事は立ち寄ったレストランにおいしいワインがないことに腹を立てた。同行していた旅行業者の人間にたいそうつらく当たった。そんな修羅場をなんとか切り抜けることも、おいしいワインの調達も、外務部職員の重要な業務なのであった。

都庁職員の給与はこうして決まっている

公務員の世界はご多分に漏れず、煎《せん》じ詰めればカネと人事の世界である。カネのほうは安定性と引き換えに低空飛行に甘んじる傾向にある。１９８０年代後半のバブル期、都庁職員は民間企業のボーナスが大盤振る舞いされる様子を指をくわえて見ていたものだ。いやいやそれは違うだろ、リーマンショックやコロナ禍の景気後退局面でも給料を減らされないなんて結構な御身分だと言われれば、グウの音《ね》も出ないのではあるが。

ではそもそも、都庁職員の給与はどのように決定されるのか。知事が決める？　都議会が決める？　厳密にいえば、どちらも不正解である。都庁職員の給与は民間給与との均衡《きんこう》を図る必要があるとされ、都庁組織から独立した人事委員会が、民間企業の給与状況を毎年調査して、その動向をもとに都議会と都知事に勧告して決められるのである。

調査対象は中小企業から大企業まで約1000社、あらゆる業種・職種の給与実態を調べている。その調査結果と職員の給与を比較して、「公民較差《かくさ》は極めて小さいため、改定を見送り」といった勧告が行われる。この勧告に職員は一喜一憂する。とはいえ、近年ではほとんど上下動がないので関心は薄れている。

口には出さないが、職員の多くは、自分たちが都庁という名の大企業に勤めていると内心は自負している。そして、その割に給与レベルが低い（大学の同級生仲間と比べて高くない）と思っている節《ふし》がある。特に、偉くなればなるほどその傾向は顕著《けんちょ》だ。人事委員会による民間給与調査の対象が大小様々な規模の会社であるため、低く抑えられているとのひがみ根性も見え隠れする。

ちなみに、人事委員会のホームページには、年代・職層別の年収モデルが掲載されている。それによれば、35歳課長代理で624万円、45歳課長1023万円、50歳部長1303万円となっている。果たして世間相場と比較して高いのか安いのか。恵まれていると認めるべきであろう。

それでもなお、幹部職員ともなれば、こんなに大きな組織を牽引《けんいん》し、こんな重責を担わされ、残業代もなく働いているのに、ちょっと薄給すぎやしないか、そう心の中で嘆いているに違いない。まさにこの感覚の延長線上にOB人事がある。退職後の約5年間の面倒を見てもらうことにより、大企業に比較して薄給だった（と思い込んでいる）状態の帳尻合わせをしているのではないだろうか。

黒歴史の再来か

管理職が自分の給料が高くはないと感じる一方で、管理職一歩手前の課長代理（いわゆる係長）の時代はボロ雑巾のようにこき使われるのが通例である。1か月の残業時間が100時間、200時間という職員もざらにいた。その分、結構な残業代を頂《ちょう》戴《だい》することになる。ところが、課長に昇格した途端、残業代は出なくなる。代わりに管理職手当が付くとはいえ、年収が100万円単位で下がったという話はよく聞く。

また、その昔、都庁でもサービス残業は事実上の黙認状態で日常茶飯事であった。各局の経理部門が各月の残業代の上限を定め、オーバーした分は申請しない習わしが横行していた時期があった。年度末ともなれば残業代に充《あ》てる予算が底を突き、あと何時間分しかありませんのでよろしく、と無慈悲な通知が回ってきたこともある。

むざむざ残業実績をドブに捨てても、文句も言わずに黙々と深夜まで仕事に取り組む職員気質《かたぎ》は、今の感覚ではちょっと理解に苦しむが、私自身、そうした組織風土にどっぷり浸《つ》かっていた当時は、何の疑問も感じていなかったように思う。組織を覆う空気感とは、そういうものである。

さて、それなりの給与水準と見られがちな都庁職員だが、過去においては給与が指定日に支給されず遅滞したり、賃金カットが行われたこともあった。１９９０年代後半、都庁は放漫《ほうまん》財政のツケによる何度目かの財政危機に直面していた。青島幸男知事は財政危機宣言を出し、石原知事は「とんでもないところ（＝都庁）に嫁に来てしまった」と嘆いた。新規採用は凍結され、労使一体となって４％の給与削減が断行された。

こんな黒歴史は思い出したくもないが、新型コロナウイルスの感染拡大によって、悪夢が蘇《よみがえ》ろうとしている。

財政危機を経験した都庁はその後、都債発行を抑制し職員定数を削減、外郭団体にも大ナタを振るった。その結果、都庁の貯金に当たる財政調整基金は1兆円近くにまで積み上がった。が、コロナで事態は一変。対策費など臨時的緊急的な支出がかさみ、財布の中はあっという間に空っぽになってしまった。コロナ後の税収急減とオリンピックの追加負担を加えると、都庁の財政は、正に三重苦に襲われようとしている。今後は、借金である都債の大量発行や、最悪、給与カットが再び現実のものになるかもしれない。

それでもなお、コロナ禍での民間事業者の方々の窮状《きゅうじょう》に比べれば、天国のような状況であることに変わりはない。都庁職員は「隠す人」になる前に、このことを忘れてはいけないだろう。

試験問題は誰が作成しているのか

人事委員会の仕事は給与関連の調査だけではない。人事委員会には試験部という秘密の部署がある。部長1名、課長8名。いったい何をしているのか。

都庁では、年間を通して多種多様な試験が実施されている。採用試験、主任試験、管理職試験、それぞれの試験はさらに細分化されている。いったい何十種類の試験があるのか。しかも、受験者は何百人、何千人規模である。

これらの試験を一手に担うのが試験部である。しかし、試験の事務手続きや進行管理を行っているだけと思ったら大間違いだ。試験部のメインの業務は、試験問題の作成なのである。まだピンとこないだろうが、都庁では各種試験の問題を都庁職員が自前で作っているのだ。これは都庁の過去からの誇るべき（？）伝統であり、試験部に配属された職員は毎日ひたすら試験問題を考え続け、問題作成にすべての時間を費やすことになる。

先に秘密の部署と書いたが、実際、試験部は他の部署とは完全に切り離されていて、連絡もままならない。職員は家族にも仕事の話をするなと厳命されるほど、秘密保持が徹底されている。試験部長が同期の知人だった頃、軽い気持ちで遊びに行ったら、フロアの職員全員が業務の手を止めた。私は彼らから泥棒を見るような目でにらみつけられた。

しかし、こうまでする純血主義の意味が、私には良く理解できない。なぜなら、全国の自治体のほとんどが、採用試験や昇任試験の問題を外注しているからである。

職員自らが問題をゼロから考案するのは、日本広しといえども都庁だけである。そりゃそうだろう、試験問題を作るために役所の人材を割《さ》くほど余裕のある役所はほとんどない。餅《もち》は餅屋に任せればいいというのがごく一般的な考えである。であるのになぜか都庁だけは、我が道を脇目も振らずに進み続けているのである。

都庁なりの理由はあるのだろう。公務員受験業界が都庁の就職問題の傾向を虎視《こし》眈々《たんたん》とウォッチしているとか、情報管理の徹底が不可欠であるというのも分からないではない。だが、だからといってここまでやるだろうか。すべてを自前で完結させる意味が理解できない。

都庁はこれに限らず、意味不明の自前主義が身にしみついている。例えば、筆記試験に続く面接試験の面接官にしても、全員が都庁の現役管理職である。普段、人事の仕事をしているわけではない。当然、面接官の経験はほとんどない。事前の研修も資料に目を通す程度だ。面接当日の土曜日曜、各局に割り当てられた人数の課長・部長が面接会場に集合し、初対面の3人がいきなりチームを組まされてぶっつけ本番で面接に当たる。1日に10人以上の受験者を面接することもざらである。最後のほうになると、誰が誰だったのか記憶が曖昧《あいまい》になったりもする。

都庁の純血主義的なやり方はもう十分にガラパゴス化している。自主独立、唯我独尊の行き過ぎが自らの首を絞めていることに、早く気がついてもいいのではないか。

なんちゃって新規事業

新型コロナ第1波の緊急事態宣言下、都庁は自らに出勤8割削減を課した。外郭団体にも同様の指示を出した。もぬけの殻《から》状態の都庁の職場が、テレビに映し出されることもあった。が、実態を聞いてみると、そうとも言い切れなかったようである。

本庁のある部長曰《いわ》く「朝、自宅で数時間、在宅勤務はするんですが、昼過ぎには都庁に出勤していました。だって、仕事が溜まってしまいますからね。残業しなければとても追いつきませんよ」。これでも、在宅勤務1回とカウントされたのだそうだ。しかも、昼休みの時間帯を使って出勤するため、ランチタイムは実質なくなってしまうというおまけ付きである。

都庁の「やってます感」を演出するだけの、姑息《こそく》な手立てと言われても仕方があるまい。まさに、なんちゃってテレワークである。

この「なんちゃって」には元祖がある。なんちゃって新規事業だ。新規事業は予算編成の花とも言える存在である。各局は知恵を絞って都民ニーズに応えようとする。毎年、年明けの予算原案発表では、この新規事業が大々的に報じられる。だが、見落としてはいけないのは、本当にその事業が「新規」なのかという点である。

まず、事業名だけで判断するのは非常に危険である。なぜなら、既存事業の対象を少し拡大するなど中身を多少いじっただけなのに、まったく新しい事業名を冠して「ハイ、新規事業でございます」とする場合がよくあるからだ。

化粧直しの方法は他にも様々ある。補助金の額や割合を拡充する、新しいサービスを付加する、事業主体を広げるなど、新規事業を偽装することは案外簡単なのである。裏を返せば、新規事業を量産するため、都庁職員の優秀な頭脳が「偽装工作」に利用されていると捉えることもできる。

こうした姑息な手段が横行するのには訳がある。都庁の各局は常に、新規事業を打ち出さなければいけないというプレッシャーに晒《さら》されている。いわゆる「新規事業シンドローム」に罹《かか》っているのだ。局として翌年度の目玉が欲しい、知事サイドから無理にでも出せと求められる。こんなことが毎年のように長年にわたって続けば、知恵もアイデアも枯渇するというものである。

だからつい「なんちゃって」に頼ってしまうのだ。結果、やってもやらなくてもいいような事業が積み重なっていく。さらに悪いことに、都議会各会派や業界からの要求に応えるために仕立て上げられた、ステルス型の新規事業も散見される。中でもタチの悪いのが、ある都議会議員のごり押しで渋々企画した個人銘柄事業である。これもまた、都庁の新規事業として登録されるのだ。個人銘柄の常として、議員の関係事業者などにうまく予算（税金）が流れるよう巧妙に条件設定がなされている。

かくして予算書には、曰くありげな新規事業が多数、名を連ねることになる。しかし、真に都民のニーズに応える新規事業は、そのうちのわずかでしかない。

また、「なんちゃって」とは趣《おもむき》が異なるが、知事が会見などで誇らしげに吹聴《ふいちょう》する新規事業に対しては眉《まゆ》に唾《つば》して構える必要がある。トップの前のめり感だけが先行して、具体的な中身が詰まっておらず、ニーズの把握が不十分だったりするのはよくあることだ。事業発表時の打ち上げ花火だけに目を奪われるのではなく、事業の進捗《しんちょく》状況と達成度合いを追いかけないと、知事のイメージ戦略にコロッと騙《だま》されることになりかねないので要注意である。

都庁に「学閥」はあるのか

学歴不問、人物重視と言われ続けて数十年、今なお、世の中的には大学による格付けが歴然としてある中で、都庁ははたしてどうなのか。いわゆる学閥、出身大学による扱いの違いや組織内での力関係は存在しているのだろうか。

端的《たんてき》に言って、都庁に学閥は「ほとんどない」と明言していい。例えば、管理職の出身大学を見ても千差万別、極端に偏《かたよ》る傾向はみられない。就職時、筆記試験に法律問題が多く取り上げられているため法学部系が有利といえるが、国のキャリア官僚のように、東大法学部卒でなければ出世に差《さ》し障《さわ》りがあるなんてことは一切ない。

また、「あの人は局長と同じ大学だから優遇されている」などといった話は一度も聞いたことがないし、そもそも、出身大学で局長が後輩を引き上げることは制度上できない。二度の昇任試験と実力本位の処遇が都庁の基本である。確かに筆記試験の関門を突破する学力が、大学の偏差値と相関関係にあるのは否定できないが、出身大学による某グループが陰で都庁を牛耳っているなどといったまことしやかな説は、残念ながら存在していない。

もちろん、親睦会《しんぼくかい》的なものはいくつもある。都庁の場合、大学よりむしろ出身高校（例えば、都立○○高校出身）が話題になることのほうが多いように感じる。私のような地方出身者にとって、都立高校の名前を言われてもまったくあずかり知らないことなので、都立高校ネタで盛り上がる先輩後輩を見てシラけてしまうことも何度かあった。

そういった意味で、都庁は学歴的に見て非常にフラットでクリーンだと言ってよい。妙な出身大学カーストに悩まされる必要がないのは願ったり叶ったりである。ただ一点だけ、技術系職員に関しては、○○大学の○○学部出身者が、綿々と先輩後輩の上下関係を保っているケースもあることは付言しておきたい。

土木・建築といった技術職の場合、タテ系列のつながりが非常に強いのは確かである。これが意外と厄介で、時と場合によっては、直属の上司の指示よりも、大学系列や職種の上下関係が優先されてしまうことがしばしば起きる。市場移転問題では、要所要所で技術職の判断が事態を左右していたが、その際に、組織として統一的な状況判断と適切な行動がとれたかどうかは、はなはだ心もとない。市場当局の判断というより、技術職の判断が一人歩きした場面も、なきにしもあらずだった。ただしこの問題は、出身大学による上下関係というよりも、技術系と事務系の意思疎通の問題だといわなければならないだろう。

ひとつ昔話を。平成の初めごろまで、都庁には高校を卒業して働きながら大学に通い卒業資格を得る人が大勢いた。そんな中から何人かの副知事も誕生している。この事実は、学歴に左右されない都庁の誇るべき伝統だと思う。

小池都政でも、学歴とは関係なく知事周りに人材を配置している。ただこれは、彼女の平等主義者ぶりを表しているわけではもちろんない。単に自分の言うことに対して即座にイエスと答える人材を集めているだけのことである。

隠れ不動産持ち東京都庁

ＪＲ有楽町駅の京橋口改札を出てすぐ、目の前に交通会館がある。設立は１９６３年、有楽町のランドマークだ。戦後しばらくの間、現在の有楽町イトシアも含めた一帯には、都庁の庁舎が並び、中でも交通局の庁舎・駐車場などが広がっていた。つまり、土地の大部分は昔から交通局の持ち物だったのである。だからそこに建つビルは交通会館と呼ばれているのだ。

ちなみに、交通会館の最上階には回転展望レストランがあり、今でも回っている。あまり知られていないが、数か月に一度、回転方向が変わる。既に回転を停止したホテルニューオータニの展望レストランと同様、戦艦大和、武蔵の主砲台を回転させるベアリング技術が応用されていることは、軍事オタクの間では有名な話である。

閑話《かんわ》休題。交通会館を管理する㈱東京交通会館は、都庁の外郭団体である事業協力団体に名を連ねている。つまり、都庁ホールディングスの一員ということである。同社は他にも数棟のビルを所有している。これはほんの一例に過ぎない。都庁のいくつかの局は、外郭団体などを通じて実質的に相当の不動産を都内に所有しているのである。

なぜそんなことになるのかといえば、広大な土地を利用して事業を実施する局、例えば、公営三局の交通局、水道局、下水道局では、事業の集約、転換等の過程で、未使用の土地が大量に発生するからである。交通局の場合であれば、都電の廃止、都バスの操車場や営業所の統廃合に伴って生み出される土地がある。

また、区立新宿中央公園の北側に隣接するグリーン色のビルを水道局が所有していることは、都庁職員の間では常識である。なぜなら、同公園一帯が淀橋《よどばし》浄水場の跡地だからである。実際、水道局、下水道局の予算内訳《うちわけ》を見ると、不動産賃貸収入が毎年度、数十億円単位で計上されている。本業に比べれば微々たる小遣い稼ぎではあるが、隠れ不動産持ちである事実に変わりはない。

都庁の各局が不動産を所有していると言ったが、大半は事業用地として使用しているのであり、そこから利益が生まれるわけではない。ところが、まったくの無から有を生じさせる局が存在する。臨海地域の埋立事業を所管する港湾局である。

明治30年代以降、東京湾沿岸部は計画的な埋立・造成事業が営々として続けられ、これまでに2800ヘクタール近い埋立地が生み出された。ウォーターフロント、ベイエリアともてはやされるこの地域は、もともとは廃棄物や建設残土、浚渫土《しゅんせつど》などで埋め立てられた造成地である。用途も、工場や倉庫群からタワーマンションやオフィスビルに大きく変貌した。

そうした中にあって、壮大な都市の実験場として開発されたのが臨海副都心だった。計画面積442ヘクタール、お台場やビッグサイトのある地域だ。

世界都市博覧会を起爆剤に開発を進めようとした目論見は、バブル崩壊と青島知事の登場で水泡《すいほう》に帰し、長く都庁のお荷物扱いになっていた。「踊る大捜査線」の湾岸署が「空き地」署と揶揄《やゆ》されていたのはこのころである。まさに雑草が生《お》い茂る広大な空き地がどこまでも広がっていた。

人工的な都市を創造するには時間がかかる。今でこそ街らしくなってきた臨海副都心だが、無から生み出された土地が街として機能するには、数十年単位の継続的な努力が必要であることを物語っている。

私、都知事のスピーチライターでした

都庁には、言葉にまつわる不思議な仕事があるのをご存じだろうか。通称、「のりと」担当。そう呼ばれる課長級職員の仕事は、都知事の原稿書き、カッコよく言えば知事のスピーチライターである。

主に、都議会本会議の開会日冒頭で知事が読み上げる所信表明や、年に1度の施政方針などを執筆する。ほかにも、各局が受けきれない議会答弁に対する答弁案なども引き受ける。歴代、若手の課長が指名され、数年間にわたり専任する特殊な仕事である。

私は石原知事の2期目4年間（2003年－07年）をやらせていただいた。知事の政治的なメッセージを執筆する以上、ある程度その人になり切って書く必要がある。特に石原氏の場合、ご自身が作家として大量の文章を書いている、それもかなり癖のある文体、癖のある語彙《ごい》で。私は就任早々、過去の作品を読みあさり、本人になり切

ることから始めた。ある程度信頼を得ると、知事執務室の裏口から単身入室して知事と一対一で文面の調整などを行うことも許された。

そんなある日、突発事態が発生した。話の発端は２００１（平成13）年12月に遡《さかのぼ》る。時は小泉政権下の12月22日、東シナ海で北朝鮮の工作船が海上保安庁の巡視船と銃撃戦の末、自爆沈没。翌年９月、海底から引き揚げられた工作船本体及び装備品は、臨海部の船の科学館で展示公開された。

同月、小泉純一郎首相訪朝。10月には拉致《らち》被害者のうち曽我ひとみさんら５名が帰国した。２００３（平成15）年９月、北朝鮮との秘密交渉に当たった外務審議官宅に爆発物が仕掛けられる事件が発生した直後、第３回都議会定例会が開催された。人一倍拉致問題に関心を寄せる石原知事は、同定例会の代表質問の答弁において拉致被害者に触れ、「お年寄りだからといって、曽我さんのお母さんなんて殺されたんでしょ、その場で……」とアドリブ発言をしてしまった。が、母ミヨシさんの安否は確認されておらず、公の場での発言としては極めて不適切であった。

石原知事が失言した翌日の正午過ぎ、私は石原知事の執務室に呼ばれた。だだっ広い部屋には知事が一人だけだった。

「きのうの発言を議場で謝りたい。格調の高い原稿を頼むよ」

石原知事はそう私に告げてニッと笑った。

石原知事は昼食に蕎麦《そば》を食べるのが常である。そして本会議開催期間中は12時53分ジャストに執務室を出発して都議会議事堂に向かう。ということはあと40分余り、いや、知事への確認を考えると、私に与えられた時間は正味30分だった。上司である知事本局長に相談している時間はない、ここは独断で切り抜けるしかないと腹をくくり、ジンジンする脳みそを高速回転させて文章をなんとかひねり出した。

12時45分、知事執務室の裏扉を開けて入室し、食事を終えたばかりの石原知事に立ったまま案文を差し出すと、知事はさっと目を通して軽くうなずいた。

「答弁に先立ち、一言申し上げます。昨日の代表質問への答弁の中で、曽我ひとみさんのお母様の安否について申し述べました。これは、国内外の多くの専門家の意見を聞き、事件の厳しい状況から、私なりに解釈しての発言でありましたが、配慮に欠けたものであったと反省しております。一日千秋の思いで肉親の帰りを待ち望んでいらっしゃる曽我さんを始めとする被害者の方々、家族の方々の切実な願いを心ならずも傷つけてしまったことは痛恨の極みであり、陳謝いたします。今後、私もともに被害者の方々の無事の帰還を祈りたいと思います」

石原氏が公の議会の場で謝ったのは、これが最初で最後だったのではないかと今でも思っている。

慣れるまでは地獄、慣れれば天国の4年間だったが、石原知事からは「君は石原慎太郎より慎太郎らしいな」とのお褒《ほ》めの言葉をいただいて有頂天になった。しかし、後でよく聞けば、歴代のりと担当課長は全員、知事から同じことを言われていたというではないか。なんのことはない、石原流人心掌握術にまんまと引っかかったというわけである。

都庁にオリンピックがやってきた日

戦後、東京都は計3回、オリンピック招致にチャレンジした。1回目は前回1964年の東京大会の時、もう1回は今回の2020年大会に際して。では残り1回はいつか。記憶されている方は少ないかもしれないが、2016年大会にも立候補している。リオデジャネイロに敗れた時である。

オリンピック招致は「言い出しっぺ」がいなければ始まらない。幻の1940年大会は嘉納《かのう》治《じ》五郎《ごろう》、1964年大会は田畑政治《まさじ》、ここまでは大河ドラマでも有名になった。では2016年大会招致の言い出しっぺはいったい誰だったのか。

2005年夏、都庁の中をある噂が流れた。森元首相が石原知事を都庁に訪ねて来たらしい。その時、東京でオリンピックをという話が森さんの口から出たらしい。噂を耳にした私は「オリンピック？　なんでまた東京で？」と首をかしげた。つまり、まったくピンとこなかったのだ。

ところがその後、あれよあれよという間に、東京に２０１６年のオリンピックを招致することが既成事実化していく。05年9月の第3回都議会定例会の冒頭で知事が招致宣言をすることになったのはいいが、その時点では都庁の誰一人として、なぜ東京で2度目のオリンピックなのか、何のために開催するのかを深く考えてはいなかった。のりと担当だった私は白紙状態から上司と相談し、色々な助言を得ながら、知事所信表明の原稿を執筆した。

以下にその時の知事発言を抜粋する。

「成長を遂げ成熟期に入った都市での開催は、発展の途上にある国での大会とは異なる意義を持っており、成熟した都市の姿を世界に示し、改めて日本の存在をアピールする絶好の機会になる……21世紀の東京五輪では、単なる国際的なスポーツ大会の枠を超えて、膨大な都市施設のストックを有効に活用するとともに、我が国の高度な技術力や多様な歴史文化の蓄積とスポーツとを組み合わせ、日本ならではの全く新しい価値観を提示することができる……オリンピック開催を起爆剤として日本を覆う閉塞感を打破するためにも、ぜひ日本の首都である東京に招致したい……」

石原慎太郎流の大言壮語ではあるが、こんなことぐらいしか思いつかなかったというのが正直なところである。

2016年大会の招致には失敗したものの、捲土重来《けんどちょうらい》、再チャレンジで勝ち取ったのが2020年大会である。それを考えれば、すべての始まりがあの時のあの人の「来庁」にあったのだと思い知らされる。

と同時に、小池知事の競技会場変更発言への猛反発やコロナ禍による1年延期を巡るプロセスでの存在感など、森喜朗・東京オリンピック・パラリンピック競技大会組織委員会会長がなぜあそこまで老体に鞭《むち》打って取り組んでいたのか、すべてを牛耳らないと気が済まず周囲を威圧する態度で振る舞っていたのかが、ストンと腑《ふ》に落ちるような気がしてならない。良くも悪くも森前会長にとって2020年大会は、俺様のオリンピックになるはずだったのである。

だが、好事魔多し。生来の多弁が祟《たた》り、女性蔑視発言であえなく退場となった。オリンピックに関わる人間はなぜかハッピーエンドとはいかないようである。

6

都議会ワンダーランド

「今、すぐ来い！」

二元代表制と聞いてピンとくる人は少ないだろう。議院内閣制では総理大臣を国民が直接選挙で選ぶことはできない。その代わりに国会議員を選ぶことで間接的に民意を反映させている。

他方、地方では都道府県も区市町村も、地方議会の議員を直接選挙で選ぶと同時に、首長も同様に選挙で選出する。つまり、都知事も都議会議員も都民の民意を直接反映した代表者なのである。こうした仕組みの中、都庁の職員、なかでも管理職は、都知事に気を使うのと同じレベルで、都議会議員にも相応の気配りをする。気の使い方の程度に差こそあれ、左右両にらみの態勢を崩してはならないのだ。

だから本庁の課長ともなれば、都議会議員から連絡を受けると、体が勝手に反応する習性が身につく。何はなくとも、まずは都議会に駆け付けるこの習性は一種の職業病である。第一本庁舎と都議会議事堂は南北2本の空中回廊で結ばれているが、血相を変えて競歩レベルのスピードで歩いていく管理職や、沈痛な面持ちで戻ってくる職員をよく見かける。議員との間で何があったのか、たいていは察しがつく。

大所帯の会派の場合、まず受付に声をかけ、議員を呼び出してもらう。「すぐ来い」と言われたのに控室で延々待たされたり、別件が入ったからとリスケされたりもする。どんなにパワハラ系の管理職であっても都議会議事堂では猫をかぶっておとなしく振舞い、じっと我慢するのが都議会の作法である。

議員からの呼び出し理由は千差万別だ。

資料請求（この間、頼んでおいたあの資料どうなった？）から始まり、局事業の初歩的な紹介や新規事業の仕組みの説明（来年度のあの事業なんだけど、手短に説明してくれる？）、マスコミ報道に係る事情説明（今朝の新聞に載っていたアレってどういうこと？）、業者の紹介（今度こういう人に会って話を聞いてやってほしいんだけど、よろしくね）、関係者からの苦情とその対応策（先月から始まった新規事業、主旨は良いんだけど、申し込みの手続きが面倒だってみんな言ってるよ、もっと簡素化できないの？）などなど。

そうかと思えば、以下のような相談を持ちかけられることも多い。

来年度予算での新しい取組みの提案（例えば、こういうのってどうなんだろう、面白そうでしょ、何とか実現できないかな、考えてよ）、次の都議会での質問事項の相談（今度の定例会で質問する番なんだけど、何かいいネタないかな？　質問してほしいことあるでしょ、簡単にまとめておいてよ）。要するに何でもありである。

議員と相対《あいたい》して話を聞く管理職が一番心掛けるべきは、議員の真意を瞬時に把握《はあく》して適切に反応することである。この段階で真意を読み間違えると、その後、嫌と言うほど呼び出しを食らうことになり、本来業務に支障が出ることを覚悟しなければならない。

中でも細心の注意が必要なのは、無理筋の話、できない話を断る時である。議員によっては、こちらができそうにないというニュアンスを言葉の端《はし》に匂《にお》わせただけで、「何でできないの、これくらいのことが」「だったらいいよ、局長を呼ぶから」と逆切れする御仁《ごじん》もいる。

こうした「困ったチャン」は各会派に1人や2人は必ずいるもので、管理職の間で彼・彼女たちの基本情報は共有されている。時々、本庁課長になりたての管理職が情報不足で対応し地雷を踏んでしまい、上司の部長が事後処理に当たるというケースもある。

そうかと思えば、人間とは面白いもので、通常業務ではパッとしない管理職が、ある特定の「困ったチャン」議員とはなぜか馬が合い、重宝《ちょうほう》する場合もある。変人には変人を、ということなのだろうか。

廊下の壁際に丸椅子の列、あるいは幹部職員の大名行列

都議会恒例の不思議な光景を二つ紹介する。

年4回開催される都議会定例会の直前や期間中、各会派の受付前の廊下にあるものが並べられる。丸椅子である。そしてそこに、議員への説明の順番を待つ各局担当者がずらっと腰掛けるのである。

コロナ禍によって議員と都庁職員とのやり取りではメールの活用が一気に進んだが、それでも、都議会自民党を中心に、フェイス・トゥ・フェイスのお付き合いが今でも続いている。丸椅子に座る職員は一様に皆うつむき、腕に書類を抱え込み、あるいは床に置いたトートバッグに資料の束をねじ込んで、じっと静かに受付からお呼びが掛かるのを待っている。

その静まり返った異様な列の横を、局長級の幹部職員が部下を従えてすたすたと通り過ぎ、受付で一言到着を告げると、奥から有力議員が出てきて応接室に招き入れられる。火急の用事には受付番号もへったくれもない。順番を飛ばされた担当職員は文句ひとつ言わずにうつむいたままである。むしろ、前夜までの寝不足を待ち時間で解消しようとしているようにも見える。

彼らの多くは答弁調整やその前段階の資料説明のために順番待ちをしているのだ。答弁調整とは、本会議での代表質問・一般質問、各種委員会での質疑に際して、議員がどんな質問をして役人側がどう回答をするかを、議員と役人が事前にすり合わせを行うことを指す。質疑の内容を予《あらかじ》め当事者同士で決めてしまうため、ある種の出来レースと誤解されやすいが、一言一句を巡《めぐ》る水面下での攻防戦こそが、議会質疑の醍《だい》醐味《ごみ》ともいえる。

都庁の場合、答弁調整に費《つい》やす労力が、他の自治体と比べて半端ない。一言一句なめるようにチェックするのが都庁流である。「適切に対応する」だろうが「積極的に対処していく」だろうが、どっちでも大差はないと思うかもしれないが、さにあらず。この微妙なニュアンスの違いに、都庁の幹部職員は役人生命を懸けているのだ。だからそこは絶対に譲れないのである。

しかも、答弁用紙の字数行数は予め決められていて、その範囲内に言いたいことを詰め込もうとするから一苦労だ。「ここを漢字にすると2文字かせげる」「たいへん重要である、のたいへんは取ろう」などなど。深夜の局長室に幹部職員が大集合して、こんなことを明け方までうんうん頭をひねっている姿は、傍《はた》から見たら滑稽《こっけい》そのものである。都議会の最終日ともなると、本会議に出席する局長はもとより、幹部職員や担当者も極度の寝不足に陥《おちい》っている。

もう一つの不思議な光景は、定例会が終了した直後の都議会議事堂に出現する。本会議の閉会日に毎回挙行される秘密の儀式である。

知事の各会派あいさつとは別に、各局の幹部職員たちがあいさつ回りを行うのだ。その参加者の数が尋常ではない。全局の局長と次長、理事、技監、総務部長は言うに及ばず、各部の部長、庶務《しょむ》担当課長まで総勢百数十人の管理職が総出で参加する一大イベントなのである。

全長数十メートルに及ぶ都庁管理職軍団の大蛇の隊列は、正副議長へのあいさつを皮切りに廊下を行き来、階段を上り下りし、会派間の狭い通路を左右しながら、時に停滞し時に間隔《かんかく》をあけながら、都議会議事堂をうねるように進んで行く。途中、前との距離が空いて小走りになる場面もある。ダッシュで若さを強調する局長がいるかと思えば、息を切らして後《おく》れを取る局長もいる。ある会派では全議員から恒例の握手攻めに遭遇する。常に連立政権の一翼を手放さないこの会派は、よほどスキンシップが好きだと見える。

この全会派巡礼の旅は　まさに出来損ないの大名行列のようなものである。いい年をしたおじさん・おばさん管理職が嬉々としてやることではないだろう。やらされているほうも、自嘲《じちょう》半分、あきれ顔半分で付き合わされているに過ぎない。コロナ禍でこんな奇習も中断されたと聞いているが、コロナ収束後には性懲りもなく復活するのではないか。

都議会本会議場を覗いてみれば

都議会議事堂と都庁第一本庁舎は南北2本の空中回廊で結ばれていると既に書いたが、本庁舎の3階が都議会議事堂の5階に相当するため、階数の錯覚《さっかく》が起きやすい。知事をはじめ幹部職員が本会議場に入るには、本庁舎から来て階段をひとつ上らなければならない。

本会議場の議員席から見て左半分は議会局の管理職の席になっている。右半分のひな壇には都庁幹部職員たちが鎮座する。40席ほどのこの場所に座れるかどうかは、都庁出世レースの一つの到達点だと位置付けられている。最前列の左端に知事、以下、副知事、官房三局長（政策企画局長、総務局長、財務局長）が並び、後ろに行くほど位が下がっていく。

ちなみに知事席の真後ろに座っているのは、誰あろう、警視庁のトップ警視総監である。つまり、警視総監は議会中ずっと、知事の後頭部を眺《なが》めていることになる。小池知事は本会議が始まる直前の短い時間を利用して、自ら後ろを振り向いて、警視総監と積極的に雑談を交わすことが多かった。日頃から良好なコミュニケーションを維持することは、何事につけて大切なことである。

私は都庁人生最後の1年間、このひな壇の末席に座っていた。選挙管理委員会事務局長という(国政選挙や都知事選、都議選があれば猛烈に忙しいポストだが、大きな選挙がなければさしてやることもない)閑職《かんしょく》にあったので、議員から質問を受けることもほとんどなく、ただひたすら忍の一字で議場の椅子に座っていた。

することがないことほど辛いものはない。加えて、定例会は午後1時開始である。昼食後のまったりした時間帯が直後に襲ってくる。居眠りを我慢するのが唯一の仕事だったと白状しよう。何度か意識が飛び、首がガクンと揺れて肝《きも》を冷やした。隣を見ると、ある局長がうつむき加減に書類に目を落としている。いや、居眠りを巧妙に隠しているのだった。

時間を持て余すと、普段見えないものが目に入ってくる。ひな壇の前に広がるのは、扇状《せんじょう》の都議会議員席である。議員一人ひとりの顔がつぶさに見える。最前列には新人議員や一人会派の議員たちが座り、緊張感を漂《ただよ》わせている。片や最後列には、各会派の古参議員、幹事長など要職にある議員の席が並んでいる。

これらの議員後列席は、議事堂の構造上、傍聴席《ぼうちょう》からは見ることができない。そのせいなのか、質疑の最中であっても、後列両横の扉からの出入りは完全自由である。遅刻は当たり前で、中座することもままある。議会審議よりも大切な用事が頻繁《ひんぱん》にあるとは、古参議員の方々はさても多忙なことである。

ある定例会の一般質問の日だった。余りに暇だったので、退屈しのぎに議員席の端から端、上から下までを隈《くま》なく目で追ってみた。そして、居眠りをしている議員の数を指折り数えてみた。その結果、本会議場で約半数の議員が居眠りをしていることが判明した。なかなかの割合である。肘《ひじ》をついて視線を下に落としている場合、寝ているのか起きているのか区別するのは難しい。だから、この集計には加えていない。

都議会本会議場のテレビカメラは、傍聴席サイドから登壇者を真正面に捉《とら》える形になっている。知事や局長の顔ははっきり映る。質問する議員も同じである。だが、議員席に座っていれば背中しか映らない、あるいはまったくの死角に入ってしまう。だから、議員にとって居眠りも出入りもやりたい放題なのである。

是非、本会議場のカメラを増設し、議員の正面からのショットも準備していただきたいとつくづく思う。都議会改革の一歩はまずここからである。

ヤジと怒号は議会の華？

都議会のテレビ中継の欠点は、ヤジや怒号がほとんど聞こえないことである。議会の品位を保つためなのか、不規則発言を恐れてのことなのか、見事なまでにカットされている。最新の高性能マイクは良くできているのだ。

だが、これでは現場の臨場感を味わうことがまったくできない。国会や他国の議会のように、議長席に詰め寄り、物が飛び交い、手や足が出るなどの行為は、都議会ではほとんど見られないが、ヤジは四方八方から常に飛んでいるし、怒号で議場が包まれることも時々ある。

知事へのヤジもさることながら、実は対立する会派間でのヤジ合戦こそが議会の醍醐味であり、聞きどころでもある。ヤジを飛ばす議員には、自他ともに認めるヤジ専門部隊もいれば、普段大人しい議員がエキサイトして飛び入り参加することもある。ヤジ合戦がはじまると、局長席の面々は、これ幸いと高みの見物を決め込み、心の中で「やれやれ、もっとやれ」とけしかけている。

民主主義の議論はヤジや怒号といった雑音も含めて広く受け止めたほうが面白い。事前に確定した質問と答弁を読み合う朗読会だけがすべてではない。多様な意見といっては時流におもねりすぎだが、都民の知る権利として、ヤジと怒号はありのまま放映すべきであろう。口汚い罵《のの》り合い、それも「議会制民主主義」の一側面なのだ。第一、そのほうが傍聴者にも視聴者にも楽しんでもらえそうではないか。

それにしても、本会議場はだだっ広く相手までの距離がやたらに遠い。ヤジもつい絶叫口調になり、言いっぱなしの場合が多い。その点、委員会での質疑は小規模の委員会室で行われるので、本会議とは別の趣《おもむき》がある。

都議会には九つの常任委員会が設置されている。条例案や重要案件の専門的で詳細な審議は、まずこの委員会で行われ、その後に本会議に上げられる。国会と同じシステムである。

委員会室は、中程度の会議室を想像してもらえればいい。議員も委員会ごとに割り振られるので、せいぜい十数名である。

委員会での答弁には局長のほか、部長級職員が立つ。議員との距離は短いところでは2メートルもない。苦手な議員がすぐそばにいる状態である。議員の独り言さえもはっきり聞こえる。委員会室では、議員から都庁管理職へのプレッシャーという形でヤジが飛ばされる。議員は大声で怒鳴る必要はない。ドスの利いた声でささやくだけで効果てきめんなのである。

成りたてで答弁初心者の部長などは、答弁台の真横で「何言ってんだよ。そうじゃないだろ。ちゃんと答えろよ」などとベテラン議員からヤジられると、頭が真っ白になる。結果、答弁がしどろもどろになることもよくある。かと思えば、議員のささやきをその場でキャッチして「……というご意見もあろうかと存じますが」とさらりと身をかわす練達《れんたつ》の管理職もいる。

委員会室は都庁管理職にとって修行の場でもあるのだ。

拷問椅子《ごうもんいす》と呼ばれる本会議場の椅子

局長に腰痛持ちが多いのには訳がある。一つは公用車での送り迎えがつくため、どうしても運動不足になってしまうからだ。ほとんどの局長に黒塗りのクルマがついている。緊急の事態に備えるためというのが公式見解だが、世間ではなかなか通用しない屁理屈《へりくつ》である。以前は専属の運転手（都庁の職員！）だったが、現在は契約会社のドライバーである。

数年前、こんなことがあった。ある副知事が小池知事の頭の中を忖度《そんたく》して、公用車の廃止をぶち上げた。局長級の事務連絡会で唐突に告げられたものだから、現役の局長たちから猛反発を食らった。結果、公用車の廃止が取りやめになったというお粗末《そまつ》な珍事があった。局長たちの公用車への執着は相当なものである。公用車はステイタス・シンボル以外の何物でもない。

都庁の場合、遠方に居《きょ》を構える副知事や局長も少なくない。都庁職員には住所要件はないので致《いた》し方がないが、緊急事態に備えるためというなら、どこに住むかのほうが重要な要素のような気がする。都庁の危機管理、ちょっと間が抜けていて、ちょっと心配である。

話が完全に横道にそれた。局長の腰痛の原因についてである。クルマによる送迎のほかに挙げられるのは、本会議場の椅子である。通称、拷問椅子《ごうもんいす》。見た目は立派な椅子だが座り心地がすこぶる悪い。硬い、身動きできない、前後が詰まっている、回転しかしない、ひざがつかえる。とにかくこんな椅子に長時間拘束《こうそく》されたら、誰でも腰を痛めること間違いなしである。

しかも、知事、副知事をはじめとする都庁最高幹部たちが鎮座するひな壇は、議員やメディアの真正面に位置している。テレビ中継も行われている。そのため、おいそれと姿勢を変えたり伸びをしたりすることができない。

本会議の最中、答弁の番が回ってきて立ち上がり、答弁台との間を適度に往復できる局長はまだ恵まれているほうだ。答弁の機会もなく、居眠りもできず、全身を拘束された状態で、午後1時から夜の7時、8時まで座り続ける局長たちにとっては、苦行の一種と言わざるを得ない。

休憩時間の控室は局長たちのパラダイス

本会議ではおよそ2時間に1度、15分程度の休憩が入る。夕飯時には30分の場合もある。局長らは本会議場近くの大きな会議室に列をなしてぞろぞろ移動する。が、その前にすべきことがある。生理現象には誰も勝てない。イの一番にトイレに駆け込むことになる。必然、列ができ、貴重な休憩時間が削《けず》られる。混雑を避けて本議会が再開される直前に用をすます御仁もいる。私は後者のやり方を選択していた。

この大部屋の控室だが、局ごとにテーブルと椅子が並べられ、テーブルの上には飲み物とお菓子類が用意されている。局長にとってはひとときの憩《いこ》いの時間であると同時に、各局の局長秘書たちにとっては休息タイムに趣向を凝《こ》らして競い合う戦場でもあるのだ。ある局はデパ地下で購入した珍しいスイーツを用意し、ある局は局長の好物である老舗の甘味を添える。飲み物もコーヒー、紅茶、緑茶、フレッシュジュース、色とりどりだ。

局長の周りには総務部長や総務課長がはべり、適当にご機嫌取りをしている。テーブルメイキングをしたりコーヒーを淹《い》れたりする秘書は、その昔は職員から選抜された若い女性職員が当てられていたが、時代は移り変わり、現在では派遣社員の方々が秘書の業務を担《にな》っている。

そんな中、政策企画局のテーブルだけは、休憩時間であっても「会議中」の場合が多い。議会の進行を仕切り、知事の答弁に責任を持つ同局は、他の事業局がまったりムードに浸《ひた》っている間も気を抜けない。各会派の動向分析や最新情報の伝達に休憩時間を費《つい》やしているのである。

さて、この休憩時間、知事はどこで何をしているのか。「控室1」という名の秘密の小部屋が、本会議場と同じフロアの奥まったところにある。知事や副知事はそこに移動し、特別秘書らと合流する。この部屋でもスイーツなどが振る舞われるが、時として緊急の知事説明が実施される。

議員との質疑内容は、通常、事前に固まっている。だが、稀に質問の差し替えや追加が発生する場合がある。そうなると、事務方は休憩どころでなくなる。一刻一秒を争い、新しい質問を入手し答弁案を作成、知事のもとに届けなければならない。

市場移転問題の質疑の際にも、「控室1」の前で知事の到着を待つことが頻繁《ひんぱん》にあった。入室した知事の後を追い、おもむろに知事席の横に跪《ひざまず》く。そして、コピー仕立ての資料を差し出して説明する。時間は限られる。30秒が限度だ。如何《いか》に要点を絞《しぼ》って知事に伝えるか、勝負の30秒間だった。

そうかと思えば、局長たちがたむろする休憩用の会議室の片隅で脇目も振らずにボールペンを走らせることもあった。自民党や共産党からの質問がなかなか入手できず、ギリギリになって判明、手持ち資料の裏面に答弁素案を思いつくまま殴《なぐ》り書きしたことも数え切れない。

そんな時、休憩時間が終わり、局長たちが本会議場に戻った後のがらんとした部屋の片隅でひとり飲むコーヒーは格別である。余ったスイーツのおこぼれに与《あずか》ることだけがささやかな楽しみだった。

「聞いてない」が一番怖い

都議会議員は誰もが過度な自負を内に秘めている。自分たちは知事と同様に選挙を通じて都民に選ばれたという思いが強い。だから、知事が自分たちを無視するような行動をとったり、会派間で都庁の職員の接し方に差があろうものなら、すぐさま敏感に反応する。

特に新規事業をスタートさせるときなどは、細心の注意を払う必要がある。まず説明の順番が重要である。一昔前のルールでは、自→公→民となっていた。共産党への事前説明は案件によりけり、局長の判断で「今回はやらなくてもいいんじゃない」とされることも少なくなかった。少数会派や一人会派に至っては、スルーすることが多かった。

都民ファーストの会が第一党となって以降、不動の順番は変更されたのだろうか。都ファ→公→自となったと考えたいが、案外、裏ではちゃっかり自民党に情報提供する管理職もいる。特に2期目に入った小池都政では、公明党の都民ファーストの会離れが進み、自民党の重みが相対的に再浮上している。その結果、管理職の自民党詣でが復活しているのだ。

それはともかく、情報提供の順番以外にも、説明者のランクに差をつけるなどの工夫も凝《こ》らして、議員たちの虚栄心をくすぐる。早い話、部長が説明に行く会派と課長に任せる会派で違いを出すのだ。「わざわざ、部長にお越しいただいて、申し訳ないねえ」と議員に言わせれば、こっちの思う壺である。

ここまで気を配っていても、情報というヤツは漏《も》れる時には漏れる。知事が記者会見で予告なしで発表したり、メディアにすっぱ抜かれて記事になったり、議会への説明が抜け落ちてしまうことはゼロにはできない。そんな時に限って、有力議員から連絡が入る。

「おい、聞いてないぞ。どうなってるんだよ！」

担当の管理職は取るものもとりあえず、都議会議事堂に猛ダッシュする羽目になる。都議会議員も嫉妬《しっと》深いが、知事も負けていない。私は、議員の「聞いてない」発言の対語は、知事の「どこかの党と同じ」発言だと思っている。これには説明が必要だ。

初当選した小池知事の仮想敵が都議会自民党だったことは周知の事実である。その知事は、旧来の都庁幹部の多くが密《ひそ》かに自民党とつながっていると疑っていた。中でも、市場移転問題の渦中《かちゅう》にあった中央卸売市場の管理職には、容赦《ようしゃ》ない疑惑の目が向けられた。小池知事vs.都議会自民党すなわち築地市場残留派vs.豊洲市場移転派の単純な二項対立の構図の中で、市場の管理職は隠れ都議会自民党とみなされていたのである。

そんなある日、知事執務室で説明を行った市場当局に対して、小池知事はこんな嫌味を言い放った。「どこかの党の説明を聞いているみたい」。知事の目が笑っていなかったのは言うまでもない。

なんでもかんでも役人から都議会に筒抜けというのはさすがにヤバいが、だからといって、目の敵《かたき》にする都議会の特定会派と同一視して、自らの部下である役人をまったく信用しないというのは異常だと言わざるを得ない。

知事はせいぜい長くて8年

知事が単独で都庁を牽引《けんいん》しているのに比べ、議員は多数派を形成して自分たちの意思を具体化するしかない。同じように選挙によって選ばれた都民の代表であるのに、彼我《ひが》の差は歴然である。そんな知事に対するひがみ根性を都議会議員から感じることが少なからずあった。

だがその一方で、ある会派の古参議員はこんなことを口癖のように言っていたのを鮮明に記憶している。

「知事は4年か、せいぜい長くても8年でいなくなるんだよ。だが、都政は永遠だ。都民のために働かなければならない」

味わい深い言葉である。が、肝心の部分は言葉の裏に隠されている。それを補えばこうだ。

「だからこそ、すぐにいなくなる知事に左右されてはいけないんだ。我々とともに都政を推進していこうではないか」

ますます味わい深い。さらに付け加えれば、「人気投票のような選挙で選ばれた知事に、あまり振り回されるのはどうかと思うよ。地元にしっかり根付き、街の人たちの声を常に吸い上げている我々こそが本当の民意なのだから、君たちもそこのところを見誤ってはいけない」そう言っているのである。

理屈としては一理も二理もある。役人としては思わずうなずいてしまう。しかし、会派との関係を深めるのも度が過ぎると怪我《けが》をしかねない。平成の30年間、民主党が多数を占めた4年間を除き、都議会は常に自公が安定的に多数を握っていた。自然、都庁の管理職は多数派にシッポを振った。議員の要求を飲めば予算案はすんなり通り、新規事業を始めるには議員の事前の承認が不可欠になった。

こうして一部の管理職は特定の会派の議員とズブズブの関係に落ちていった。ともすれば、そうした管理職が有能だと誤認され、出世の階段を足早に登っていくこともあった。

だが、蜜月《みつげつ》は長くは続かない。2017年7月、都民ファーストの会の圧勝で都議会の勢力分布図が激変した。地図の色が変われば、付き合う相手も変わってくる。役人としては、好き嫌いは別として、都議会第一党の議員を重んじるのは当然である。だが、そんな動きによってつまはじきにされた以前の多数派から「寝返ったな」と嫌味を言われた管理職もいた。

そうかと思えば、手のひらを返すように、元の多数派にさっさと見切りをつけて、知事や知事与党の指示に120%お応えしますと忠誠を約束する、世渡り上手な管理職も出現していると聞く。管理職仲間では周知の事実である。

この先、「知事は長くて8年」説は都政にどう影響するのだろうか。都庁OBとして興味津々である。

議員から猫なで声で頼まれること

都議会議員と都庁管理職との不思議な関係といっても、基本は上下関係、主従関係に近い。そうした中、ごく稀に上下が逆転する場合がある。議員が猫なで声を出して都庁管理職に連絡してくるのである。

都立病院には医事課長というポストがある。これにも都の職員が就く。「医事」の本来の意味合いは、医療事務、つまりレセプト請求や患者サービスにかかる業務を指している。それとは別に医事課長には、ある裏ミッションが課せられている。議員からの入院依頼のさばきである。

今はもうないと信じたいが、私がある都立の病院の医事課長をしていたころは、他院の医事課長たちと集まっては「あの議員がさあ、味しめちゃってまた頼んできたよ」「どうしてもベッドが空かないので、事務局長に頭を下げてもらった」などと愚痴《ぐち》をこぼし合っていたものである。

病院のベッドがそう都合よく空いているはずがない。依頼を受けた医事課長は病床管理の責任者のドクターに泣きつく。政治的な（？）事柄に理解のある医師ならいいが、患者を平等に扱うごく普通の医師の場合は、そう簡単に首を縦に振らない。満床の場合、誰かを追い出さなければいけないのだから至極当然の反応であり、医事課長の心労は溜まる一方である。

こうして苦労の末に確保したベッドであっても、議員にしてみれば支持者のための住民サービスの一環にすぎない。「いやあ、苦労かけたね。恩に着るよ」の一言で片づけられてしまう。議員にとって都民とは、自分の支持者たちでしかないとは、何とも情けない話である。

言っておくが、この手の入院依頼は特定の会派によるものではない。与党野党問わずどの会派からも、年中行事のように持ち込まれるのである。コロナ禍の東京で、まさか同じようなことが繰り返されてはいないだろうが、個人的な現世利益《りやく》のために都議会議員がいるのではないことだけは再確認しておきたい。

医事課長の裏仕事以外にも、都庁の仕事で議員から「ありがとう」と声をかけられるうらやましい仕事が存在する。それは選挙管理委員会の業務である。都議会議員にとって選挙管理委員会は頭の上がらない数少ない部署の一つなのだ。毎年、政治資金収支報告書を提出する先だからである。

書類の提出期限が近付くと、選挙管理員会には猫なで声の電話が急増する。提出書類の書き方に関する問い合わせや提出猶予《ゆうよ》のお願い事など、選管の管理職は引っ張りだこになる。都議会議事堂に呼び出されても、感謝されに行くのだから気分が悪いはずがない。

つまり、毎年のように締め切りを守らない、いや守る気がないとしか思えない常習犯的な議員がいるということなのだ。古参の議員が居直っているとは限らない。当選1回目の議員であっても、事務処理能力の低い、あるいは金の出し入れを軽視する議員はいるのである。条例を審議・決定し、内容によっては事業者、都民に負担を強《し》いる立場の人が、ルールを破るようなことがあっては子供たちに示しがつかないではないか。

7

都庁トリビア大全

①　環七地下調節池は東京湾に通じる巨大地下河川《かせん》として構想された

近年の度重なる豪雨災害で一躍《いちやく》有名になったのが、環七地下調節池だ。大都市東京の地下に、直径12メートル超の巨大なトンネルが密かに作られていた……。そんなミステリアスな映像を見た方も多いだろう。豪雨を一時的に地下に貯留《ちょりゅう》し、河川の水位が下がった後にポンプで汲みだして都市水害を防ぐための都市インフラである。

東京を西から東に流れる神田川は、途中、善福寺川と妙正寺《みょうしょうじ》川と合流し、隅田川に注いでいる。昭和50年代から平成の初期まで、神田川はよくあふれた。高田馬場駅付近でも浸水の被害が出ていたくらいである。

こうした中、環七地下調節池は、当初、環七を南北に貫いて東京湾に注ぎこむ巨大地下河川として構想されていたのである。駆け出しの係長として計画部という部署で働いていた私は、気宇壮大な地下河川構想を描いたイラストを見せられて、思わずこんなアイデアを思いついた。「完成したあかつきには、地下河川マラソン大会を開催したら面白いぞ」と。そういえば、地下鉄大江戸線が完成した際にも、同じようなことを口走った記憶がある。発想の貧弱さはさておき、東京都が手がけるインフラ整備は、それほど大規模だという意味合いである。

結局、日本経済も構想もバブルがはじけ、巨大地下河川に回す予算はなくなり、部分的な調節池の整備として今に引き継がれている。環七に限らず、都内には現在、大小合わせて12河川、28か所に調節池がある。その容量は256万立方メートルに及ぶ。神田川の氾濫《はんらん》を聞かなくなったのは、こうした地道なインフラ整備のおかげなのだが、都民も都知事も、何か一大事が起こらない限り、こうした都市インフラの重要性を理解しないのは残念である。

② テレコムセンター中央の吹き抜け天井が円筒形の理由

新交通ゆりかもめの新橋駅から8つ目、反対側の豊洲駅から7つ目にあるのがテレコムセンター駅である。臨海副都心の中でも一番南の外れに位置する。駅直結で建っているのがテレコムセンタービルである。名前からしてITや通信関連の施設かと間違えそうだが、都庁の外郭団体が管理するただの貸しビルだ。

浜松町から徒歩5分の竹芝桟橋《さんばし》近くにあった都庁の研修所が引っ越してきてからだいぶ経つが、研修ひとつ受けるにも西新宿からは遠すぎて職員には不評である。そんなテレコムセンターだが、ロの字型のビルの真ん中に円筒を斜《なな》めに切ったような形状の吹き抜け屋根が特徴的である。では、なぜ斜めの円筒形なのか。単に設計事務所がデザイン的に遊んだわけではない。これにはちゃんとした理由がある。

その昔、臨海副都心の未来予想図には、テレコムセンターが建っている場所に巨大なパラボラアンテナが描かれていた。現実のテレコムセンタービルにそっくり、というより、予想図の名《な》残《ごり》がテレコムセンターの形状として残っていると言ったほうが正確である。まだインターネットがなかった時代、パラボラアンテナで世界とつながろうとした夢が、ビルの吹き抜けに刻まれているのである。

このテレコムセンターとお台場の間にはいくつかのビルが建っているものの、暫定《ざんてい》利用地を含めて広大なスペースが広がっている。IR（統合型リゾート）の最有力候補地と目される土地である。ひところ、デベロッパー各社が好き勝手に様々な未来予想図を描いて提案合戦を繰りひろげていたが、さて、コロナ後の東京においてどうなっていくのか。テレコムセンターの二の舞にならなければいいのだが、とひとり心を痛めている。

③ 中央防波堤外側埋め立て地には緑の楽園が広がっている

中高年世代にとって、ごみの埋め立て地といえば、黒いごみ袋で覆われ荒涼《こうりょう》とした大地にカラスの群れが飛び交《か》っている、そんな世紀末的なイメージを思い浮かべるのではないだろうか。そうだとしたら、180度、頭を切り替えていただく必要がある。場所は中央防波堤。テレコムセンターから南東に向かって道路を進み第二航路トンネルをくぐると、そこが中央防波堤内側埋め立て地だ。そのさらに先、オリンピックのボート会場に指定されている水路を挟んで、小高い丘が見える。この一帯が中央防波堤外側埋め立て地と呼ばれ、1977年から廃棄物の埋め立てが始まった場所である。黒いごみ袋とカラスのイメージはこのころのものである。

長い間、地中からメタンガスが発生し、ガス抜きのパイプが上空に向かって何本も伸びていたが、今ではほとんど使われていない。代わりに、一面に草木が自生し緑の大地に変貌《へんぼう》している。幹のしっかりした高い木々の林もできている。正に緑の大地だ。

人工的に造成された、それも廃棄物で作られた大地が、都心部で最も自然に近い場所に生まれ変わったのだから、まさに自然の再生力の凄《すご》さと言うべきか。単純に人工対自然の構図では説明できない逆説が、中央防波堤外側には埋まっている。

中央防波堤内側と外側には住所がなかった。どの区に帰属するかが決まっていなかったからである。これは自治体における領土問題である。当初、手を挙げたのは5区だったが、中央区、港区、品川区が主張を取り下げ、最後は江東区と大田区の一騎《いっき》打ちとなった。

２０１９年10月、江東区約8割、大田区約2割の東京地裁判決を両区が受け入れて、30年以上にわたる領土問題に決着を見た。新しい街ができるまでには、これから長い年月がかかる。東京のラストフロンティアに立って空を見上げれば、羽田空港離発着の航空機が遠望できる。

④ 晴海《はるみ》のオリンピック選手村の土地の来歴を聞いてビックリ

晴海の選手村マンション群は、大手デベロッパー総出で開発が進められた。コロナ前、販売センターには中国人が大挙して押しかけたという噂話もあるが、コロナ後を考えると、果たして売り切れるのか心許《こころもと》ない。いやその前に、五輪延期による訴訟沙《ざ》汰《た》をクリアしなければならなくなった。

開発に関わった都市整備局では「売れ残ったら、退職金で買わなきゃならなくなる」などとブラックジョークがささやかれているとも聞く。新橋から直線距離にして2キロメートル足らずだが、とにかく足の便が悪い。ＢＲＴ（バス高速輸送システム）が導入されることになっているが、連結バスに毛が生えたようなものであり、どれだけの利便性を確保できるのか疑わしい。

さて、その晴海の歴史は、まさに波乱万丈《はらんばんじょう》の言葉に相応《ふさわ》しい。四号地として埋め立てが完了したのが1931（昭和6）年、2年後の1933年には、有楽町で手狭になった「東京市庁舎」の建設が決定されたが、翌年立ち消えに。続いて、1940（昭和15）年の「紀元二千六百年記念日本万国博覧会」の開催地として、五号地の豊洲などとともに白羽の矢が立ったものの、日中戦争の長期化で中止となった。

戦後、1955年に晴海ふ頭が、1959年に東京国際見本市会場が開業し、新しい歴史を刻み始める。特に、東京モーターショーの会場として名をはせた。「コミックマーケット」（通称、コミケ）が初めて開かれた（1981年）のもこの地である。1991（平成3）年、東京港開港50周年を記念して開設された晴海客船ターミナルは、コスプレ撮影の人気スポットにもなった。

東京ビッグサイトが完成した1996年、見本市会場はその役割を終え、しばらくの間、空き地だったが、2001年、その一角に中央清掃工場が完成する。2016年五輪では、安藤忠雄設計のメインスタジアムが建設される予定だったが招致に失敗、2020年大会では選手村としての役割を担うこととなった。

猫の目のように目まぐるしく変遷《へんせん》する土地利用の歴史は、都心に近接する埋め立て地ならでは、である。ちなみに、私にとっての晴海は、東京湾大華火祭のメイン会場である。晴海が空き地だった時期、中央区役所に研修生としてお世話になっていた私は、花火大会の誘導係をした経験がある。

空き地から四半世紀、選手村の東隣には運河を挟んで豊洲市場が位置している。市場には夜間、煌々《こうこう》と明かりが灯《とも》っている。マンションの窓を開ければ何が見えるのか、気にする人は多くないようだ。

⑤ 西新宿の都庁に通じる地下道に設置された「動く歩道」はホームレス対策だった

新宿西口の地下空間と地下駐車場は、1964年の東京オリンピックに合わせた再開発によって誕生した。竣工《しゅんこう》当時の写真には、近未来的な都市空間が映し出されている。その時、地上にあった店の多くが地下街に移設された。京王モールの端の角にあるお茶屋さんも、そんな歴史を持つお店の一つである。

この場所は、団塊の世代にとってはある意味、「聖地」のような場所である。学生運動華やかなりし頃、新宿騒乱(1968年10月)と呼ばれた暴動事件当日には、セクトによって色分けされたヘルメットをかぶり、角材を手にした学生たちが集団で、国鉄新宿駅を破壊した。仕事帰りのサラリーマンもその群れに加わった。その後のフォークゲリラ集会では、ギターをつま弾《び》く若者たちを大群衆が幾重《いくえ》にも囲み、機動隊との衝突《しょうとつ》事件も起きた。

一瞬とは言え自由な解放区が出現したというのが団塊の世代の言い分だろうが、管理する側の都庁にしてみれば、秩序が破壊されたと受け止めた。そこで、この空間を「広場」ではなく、「通路」と定義し直し、建設局第三建設事務所の管轄下に置いた。もはやそこは自由な（勝手気ままに振る舞っても捕まらない）空間ではなく、管理者のルールに従う必要のある場所に変貌した。

管理を強めればはみ出そうとする者が出てくるのは世の常である。新宿西口地下から都庁方面に向かって、左右2本の地下通路が伸びている。現在、車道側には動く歩道が仰々《ぎょうぎょう》しく設置されている。昔の記憶では、この通路は暗く汚く悪臭が充満していた。柱ごとにホームレス（当時は、浮浪者と言っていた）がゴザを敷き段ボールハウスを作って住んでいた。西口広場イベントコーナーの周辺もそうだった。

管理する側にとってクリアランスの理屈はどうとでもなる。広場を通路と再定義し、ホームレスを動く歩道建設を理由に閉め出す。痕跡《こんせき》さえ残さなければ、人の記憶から負のイメージはいつの間にか消えてしまうのだ。今、その記憶の欠片《かけら》は、第一本庁舎と第二本庁舎の間の歩道沿いに、はっきりと確認することができる。

⑥ 23区の保健所はその昔、東京都が所管していた

新型コロナの感染拡大で一躍有名になったのが保健所である。PCR検査や追跡調査で多忙を極《きわ》める一方で、アナログなファックス行政との批判も浴びた。こうした状況は、三十数年前、都庁に就職して初めての職場が保健所だった私にとっては「さもありなん」と思える事態だった。

1980年代半ば、23区それぞれに設置された保健所は、都庁から区に移管されて10年が経とうとしていた。つまり、もともと都下の保健所はすべて都庁の所管だったのだ。なぜなら、国民病と恐れられた結核を予防するための最前線基地だったからである。公衆衛生の重要性がまだ認められていた時代である。

こうしたことから、区移管後も多摩地域では、ほぼすべての自治体に一つの保健所が都直営で確保されていた。例えば、中央線三鷹駅の南北には二つの保健所があった。北が武蔵野保健所、南が三鷹保健所。今はなき武蔵野保健所が我が初任地だ。配属は予防課、課長は女医さん、まわりは保健婦(当時の呼称。現在は保健師)だらけだった。

旧衛生局には、地域保健課という保健所を専管する組織がにらみを効かせていた。

だが、平成の30年間で多摩地域の保健所は、行革の波にのまれ、統廃合を繰り返し

た。現在、多摩地域に保健所は五つしかない（八王子市と町田市は自前の保健所を持っている）。例えば、多摩府中保健所は、武蔵野市、三鷹市、府中市、調布市、小金井市、狛江市の6市を受け持っている。6市合計の人口は87万人を越える。これでは感染症の緊急事態に即応できるわけがない。

結核などの感染症の脅威《きょうい》が薄れ戦線を縮小したところに、新型コロナの奇襲攻撃を食らった格好である。再び保健所の数を増やせとは言わないが、非常事態に即応できる態勢を平時から整えておかなければ、コロナ禍はどうにか乗り越えられたとしても、必ず襲ってくるであろう未知の感染症に対応できないことは誰の眼にも明らかである。

コロナによって図《はか》らずもスポットライトが当たった保健所問題を通じて、公衆衛生を軽んじてきた過去にどう落とし前をつけるのかが厳しく問われているのである。

⑦ 都庁で渋沢栄一と言えば「養育院」です

大河ドラマのお陰で渋沢栄一がちょっとしたブームである。

渋沢が1879（明治12）年以降、終生、院長を務めた養育院が板橋の大山の地に移転したのは、関東大震災直後のことだった。もともと明治維新の動乱期に急増した窮民《きゅうみん》の救済事業として創設されたのが養育院だが、元手となったのは江戸幕府の七分《しちぶ》積金《つみきん》、今でいう福祉事業基金であり、この金の管理を渋沢が任せられたところからすべてが始まっている。

敗戦後の時期には、戦争孤児や身寄りのない老人の保護・養護に当たった。高度経済成長期の末、寝たきり老人という言葉が話題になった頃には、養育院の診療機能が附属病院として独立、老人総合研究所も設立された。その後、附属病院は東京都老人医療センターと改称された。

病院が存在感を増す中、養育院そのものは1999年に養育院条例が廃止され、127年の歴史に幕を下ろした。

……などとパンフレットに書かれたような歴史を偉そうに述べたのは、私自身が駆け出しの課長時代、養育院から派生した老人医療センターに勤務していたからである。医事課長というポストは何かと物騒な役回りで、よろず苦情受け付け担当であるだけでなく、医療事故の調整役なども担った。極めつけは、都議会議員からの入院依頼に対応する汚れ仕事だったことは既に述べたとおりである。

当時を振り返って思い出すのは、死亡解剖《かいぼう》承諾書のひな形を作成する仕事のことだ。入院患者が死亡した際、当時は遺族の承諾なく病院側で勝手に解剖し、場合によっては標本として保管することが、当たり前のように行われていた。現在では到底許されるはずもないが、これには養育院ならではの理由がある。

養育院には身寄りのない高齢者が生活し、そこで一生を終えていた。養育院から老人医療センターに入院して亡くなるケースが多かった。遺体の扱いは養育院やセンターに任されていたと理解される。その結果、老人医療センターや老人総合研究所には、膨大《ぼうだい》な量の解剖標本が保管されることになった。医事課長として解剖直後のものや歴史的な標本を何度か目にしたことがある。

こうした貴重な標本は医学的な研究に役立てられているわけだが、さしもの養育院も時代の流れには抗しきれず、死亡解剖承諾書の導入と相成ったというわけである。養育院にルーツを持つ病院も現在では、老人総合研究所と経営統合し、地方独立行政法人健康長寿医療センターとして、位置づけも建物も一新されて大山の地に建っている。

敷地内には1925（大正14）年完成の渋沢栄一の座像がある。どこか頭でっかちのこの銅像、当初は数メートルの高さの台座が備えられていた。仰《あお》ぎ見るのにちょうどいいバランスで作られたが、その後、敷地内で何度か移設されるうちに台座が低くなり、今のようなアンバランスな姿になったのだ。あの渋沢栄一といえども予見できなかったであろう。

8

都庁だけで通じる業界用語を徹底解説

入都と施策

就職することを何と表現するか。民間企業なら入社、国なら入省、自治体は入庁である。この当たり前が都庁では通用しない。都庁だけ「入都」と言う。ニュウトと読む。耳で聞いて理解できる人はほとんどいないだろう。

それでも、伝統的に「入都〇年組」などと言い表す。都庁七不思議の一つであるが、変換を誤ると「乳頭」と表記されるので細心の注意が必要である。

もう一つ、世の中の一般常識と微妙に異なる都庁独特の言葉遣いがある。行政の取組みは、政策、施策、事業などレベルに応じていくつかの言い回しがある。一つ一つに明確な定義があるわけではないが、取組みの括《くく》りが大→小というザックリとした区別がある。このうち、中規模の施策について何と読むかである。通常、シサクと読むだろう。ところが都庁ではセサクと発音する。

どちらでもいいじゃないかと思われるだろうが、そうではない。シサクはすんなり変換されるが、セサクはうまく変換されない場合がある。大問題だ。

私も若い頃、セサクに強烈な違和感を感じていたが、30年も経つとセサクが染《し》みついてしまった。それでも、都庁外の人にセサクと言って通じなかった経験が何度もあり、ああやはり変な伝統なんだと再確認した。

ニュウトとセサク、こんな小さな表現の中にも都庁の唯我独尊性が潜《ひそ》んでいるのである。

謎のアルファベット暗号編

Gといえば都庁では知事を指す。これ、常識である。組織の長を意味するガバナー、Governorの頭文字だ。庁内でも「知事が……」とあからさまに言いづらいときには「Gがこんなことを言っていたらしい」などと使用する。

Gの次はVである。「副」や「代理」を表すバイス、Viceの頭文字を取って副知事を意味する。副知事には担任事項別の役割分担があるほか、職務代理順位が明確に決められている。知事に何かがあったとき、知事の代理を担う順番が予《あらかじ》め定められているのである。この順番に従って、V1、V2という具合に呼び表す。逆に、副知事を名前で呼ぶ場合は極めて稀で、日頃から「V1《ブイワン》のところに行ってくる」などと使っている。

ちなみに、職務代理第1位のV1は、慣例として幹部人事を担任する。私に理事長解任の印導を渡したのはこのV1である。

知事周辺で忘れてはならないのがＳＳである。スペシャル・セクレタリー、Special Secretaryの頭文字でＳＳ。直訳の通り、特別秘書を意味する。知事は副知事とは別に、政治的任用として特別秘書を置くことができるが、副知事が議会承認事項であるのに対して、特別秘書は議会の同意が必要なく、知事の思い通りの人材を選べる。表にその存在が知られることはほとんどない。

ＳＳには知事のお友達関係の人間がつくことが常で、過去を見ても筋悪の人物が多かったように感じる。ＳＳといっても、ヒトラーの親衛隊と混同してはいけない。まあ、都庁職員にとっては似たり寄ったりの存在ではあるのだが……。

これ以外にもアルファベット系の略語がある。突然だが、私は５Ａだった。管理職試験Ａに１９９３（平成５）年に合格したことを意味している。管理職試験Ｂに平成10年に合格したら、10Ｂといった具合である。この管試合格年次は退職するまで付いて回る。そういえば、管試も管理職試験の略語だ。カンシ同期などと言い表す。

それはさておき、管理職にとって管試合格年次は体に押された烙印《らくいん》のようなものである。異動時期になると、今度の異動で総務課長に昇格するのは△Ａと□Ｂが対象、というように告げられる。自分が昇格するのか、同期のアイツはどうなのか、内示の日まで気が気ではないのだ。

摩訶《まか》不思議なカタカナ略語編

都庁には、ブリ三種盛りが陳列されている。Gブリ、会見ブリ、答弁ブリの三つ、見るからに美味しそうではない。ブリはブリーフィングの日本語的な短縮形である。一般的には「短い報告」を意味するようだが、都庁では知事に対する報告や打ち合わせの時にだけ使用される、知事専用用語である。

Gブリは知事への報告全般を指し、その中でも重要度の高いブリーフィングを会見ブリ、答弁ブリと言い習わしている。会見ブリは記者会見用の打ち合わせで、知事からの発表内容の確認はもとより、想定される質問を洗い出し、想定問答集として準備する。会見の出来不出来はこの会見ブリにかかっている。

答弁ブリは、議会答弁の内容を固めるための打ち合わせのことである。特に、本会議での知事答弁は、内外に知事の政治スタンスを表明する大切な機会であり、答弁内容は一言一句吟味《ぎんみ》される。とはいえ、トウベンブリなど、知らない人が聞いたら、弁当に入ったブリ照りだと誤解すること請け合いである。

話は大きく飛ぶが、都庁にはデカとデブがいる。もちろん、特殊なカタカナ略語である。都庁は西新宿の本庁舎だけで成り立っているのではない。本庁在籍者の数倍の職員が各種出先事業所に勤務している。そこで働く課長を出先課長、部長を出先部長と呼び、それぞれ略してデカ、デブと言う。いささか自嘲《じちょう》気味の表現ではある。

都庁管理職は大きく二つに分類される。本庁でバリバリ仕事をこなし出世の階段を上っていくタイプと、出先事業所を中心に異動を繰り返し、比較的プレッシャーを受けずに役人人生を全《まっと》うするタイプである。

前者であれば、少しでも早くデカ、デブを卒業して本庁に異動したいと願っている。後者の場合は、本庁での議会対応で神経をすり減らすこともなく、知事サイドからの無茶振りに四苦八苦することもない。どちらになるかは人事査定の結果次第だが、案外、本人が出世コースから降りてデカ、デブとして生きていくと割り切れば、自然と道が開けていくのも、都庁らしい一面である。

都議会略語一覧編

都議会を始め地方議会は国会とは異なり、開会期間、審議日数が極端に少ない。国会審議は衆参併せて半年にわたり毎日のように質疑を行っているが、地方議会は基本、年間4回、短期間開催されるに過ぎない。一昔前の大相撲のようなスケジュールである。

暦年でカウントし、都庁の場合は、2～3月に開催されるのが第一回都議会定例会、略して一定《いちてい》となる。以下順に、6～7月が二定、9～10月が三定、11～12月が四定である。本会議場での質疑は一定が3日間行われる以外は、それぞれ2日間だけである。

本会議の質疑は代表質問と一般質問に分かれる。庁内では、代表、一般と簡略化して呼んでいる。また、本会議以外に、一定では予算特別委員会が、三定と四定の間には決算特別委員会が開催される。これも縮めて、予特《ヨトク》 決特《クットク》と言い表す。

蛇足だが、議会の一定、二定のようにナンバリングで呼称する代表格は、なんと言っても建設局所管の建設事務所である。第一建設事務所を1建《イチケン》といった具合に、六つのナンバリング建設事務所が23区をカバーしている。多摩地域には他にエリア名を付した五つの事務所がある。

ここは、用地買収という重要な業務とともに、道路占用許可という絶大な権限を有している事務所である。大きな声では言えないが、ここを怒らせてはいけない。都庁の中でもそれほどまでに怖い（融通の利かないとも言える）部署の一つでもある。

以上概観したのは、都庁の標準言語に関してである。巨大組織のご多分にもれず、都庁には局ごとに方言が多数存在する。すべてを紹介できないので、ここでは割愛させていただく。

9

「築地と豊洲」アナザーストーリー

小池知事1期目最大の課題は築地市場の豊洲市場への移転問題だった。さんざんマスコミに取り上げられ、都民・国民は事の経緯をわかった気になっている。しかし、市場移転問題には未だ語られていない暗部が存在する。中央卸売市場次長としての経験を記した『築地と豊洲』の出版によって外郭団体の理事長を解任された筆者として、このまま闇に葬《ほうむ》ることはできない。ここでは二つの事案について記述する。

その一　謎の地下空間を覆う濁った水の本当の理由

2016年、小池知事誕生直後の9月のことである。豊洲市場建物下にあるべきはずの盛り土がなく、代わりに謎の地下空間が存在していることが発覚した。しかもそこは濁《にご》った水に覆《おお》われていた。暗く淀んだ地下空間の映像イメージは、都民のみならず多くの国民に都政への疑念を増幅させるに十分だった。

今さら仮定の話をしても空《むな》しいが、もし仮にあの地下空間の床面に水は溜《た》まっておらずドライな状態だったとしたら、受ける印象は全く違っていただろう。地下の汚染物質が建物内にしみ出す懸念もなく、追加対策工事もごく小規模なもので済んだかもしれない。それほど、水浸《びた》しの地下空間は悪だくみの臭いをプンプンさせ、その後の事態の推移に大きな影響を与えてしまったと考えられるのである。

豊洲市場の建物は底が抜けた形の構造だった

では、なぜ地下空間は濁った水で満たされていたのか。当時の説明では、地下水の水位が上昇し、地下空間の床面からあふれ出たものだということだった。だが、これはおかしな話だ。なぜなら、コンクリートの大きな箱を地下に埋め込む構造なら、あれほど水浸しにはならない。

実は、豊洲市場の地下構造は箱状ではないのだ。鉄筋コンクリートの竪壁《たてかべ》が建物外側に向かってL字型に張り出し、建物を支えている。つまり、正確に言うと、底が抜けた状態なのだ。地下空間の床は確かにある。が、それは建築用語で言うところの「捨てコン」（「捨てコンクリート」の略）で簡易に養生《ようじょう》してあるに過ぎない。

実際、砕石《さいせき》がむき出しの箇所はいくつもあった。言うなれば、建物の床ではなく、ほぼ地面だったのである。だから、地下水位が上がれば、それに伴って地下空間に水が上がってくるのは至極当然のことなのだ。

豊洲市場には地下水をコントロールするための巨大な地下水管理システムが整備されており、設計上はこのシステムによって地下水位は地下空間の床面より低位で保たれることになっていた。だが、頼みのシステムは問題発覚当時、未だ本格稼働には至っておらず、地下水位は雨が降るたびに見る見る上昇した。

こうして地下水は溜まるべくして溜まったのである。建物の地下構造の特殊性と地下水管理システムの稼働の遅れ、これが地下空間の溜まり水の原因であった、ひとまずはこう結論づけることができる。が、この二つは、表向きの要因でしかない。なぜなら、決定的な原因が他に存在していたからである。

そして汲み出しポンプは撤去された

地下空間が発覚してから1か月以上が経過した10月下旬のある日、技術部門の部長と課長から地下水に関する説明が市場当局の上層部に対して行われた。そのときの説明内容を簡略に記す。

工事中から建物下の空間には水が溜まり、工事に支障が出る事態になった。そこで、地下の床面の要所要所に釜場《かまば》と呼ばれる大きなくぼみを掘り、そこにいったん地下水を貯めてから地上に設置した大型ポンプで強制的に吸い上げて、床面の浸水上昇を防いでいた。地下水が湧き出ることは大規模な建設現場では少なからず生じることであり、技術部門は通常の処理を施《ほどこ》していたことになる。

そして2016年8月、遅れ気味だった工事が最終段階に入る。残されたのは、屋外の外構部分の工事だった。開場予定日は11月7日。まだ、小池知事は移転延期を発表していない。早急に工事を進め、工期に間に合わせなければならなかった。技術部門の頭の中は工期でいっぱいだった。

ここで一つ問題が生じた。地下に溜まった水を汲み上げる大型ポンプは、三つの街区それぞれの敷地内に仮囲いをして設置されていたが、ポンプと言っても、その広さは10メートル四方を超える規模である。これが外構工事の障害になった。

ポンプの設置を優先させれば、地下水の汲み上げは続けられる。しかし、外構工事が間に合わなくなる。工事の完成を優先させれば、ポンプを撤去せざるを得ず、地下空間の排水がストップし、地下水であふれかえってしまう。究極の選択である。

技術部門はどうしたのか。彼らはさっさとポンプを撤去し、外構工事に取り掛かったのだ。結果、建物下の地下空間には地下水がじわじわ溜まり続けた。彼らにしてみれば、工期優先の措置を取ったに過ぎないということだったのだろう。

しかし、この選択は結果として自分たちの首を絞《し》め始める。広大な地下空間が濁った水で覆われたころ、都議会共産党が以前から目をつけていた地下空間に入り込み、写真を撮影してマスコミに公表した。その後も、汲み出し機能を失った地下空間に水は溜まり続けた。頼みの地下水管理システムは一部試運転を開始したものの、大型ポンプの代役には程遠く、敷地全体の地下水位も確実に上昇を続けた。

市場移転問題は人災である。移転直前に小池知事が政治問題化したことが最大の人災だが、都庁の役人も判断ミスの連続だった。地下空間の濁り水はその最たるものである。技術部門だけに責任を押しつけるつもりは毛頭ないが、あまりにも技術部門の価値観に偏った判断だったと言わざるを得ない。

その二　ソンピオウトウキョヒの怪

市場移転問題の渦中にあった小池知事は、常に先手を打って事態を有利に運んでいた印象がある。しかし実態は、自分が攻撃されることを極度に恐れていた。それを証明するエピソードの一つが「ソンピオウトウキョヒ」事件である。

主な登場人物は3人。市場移転の延期を決定し、仮想敵と定めた都議会自民党の追い落としを図ろうとする小池知事、当時、都民ファーストの会新人都議だった現千代田区長の樋口高顕《たかあき》氏、そして小池知事の特別顧問から都民ファーストの会事務総長に転身した小島敏郎氏である。

2017（平成29）年7月、都民ファーストの会が都議選で圧勝した前後の、市場移転問題の状況をまずまとめておきたい。

年明けの1月、豊洲市場の地下水から基準の79倍のベンゼンなどが検出され、築地か豊洲かの議論がヒートアップ。そんな中、小池知事は「築地は守る　豊洲を活かす」の基本方針を発表し、築地に食のテーマパークを作るとした。都議選後も市場移転問題の行方《ゆくえ》は定まらず、食のテーマパーク発言がかえって豊洲市場の千客万来施設事業者の不信感を喚起《かんき》し、事業撤退も辞さずと態度を硬化させていた。

差し替えられた質問文

同年8月、都議会では臨時会が開催された。本会議での質疑に続き、9月1日、中央卸売市場が属する経済・港湾委員会に樋口都議が初めて登壇することになった。前日から樋口都議との間で質問調整が行われた。午前中に送られてきた素案を見ると、市場移転に関するありきたりの質問がA4用紙1枚に箇条書きされていただけだった。

ところがその夜、状況は一変する。最新の質問文はA4用紙5枚にびっしり綴《つづ》られ、完成度の高いものだった。さらに目を疑ったのはその内容だった。のっけから千客万来施設について糾弾調で主張を展開、施設事業者は東京都に対して損害賠償を請求するとしているようだが、東京都に責任は全くないという内容だった。千客万来施設の設置は地元・江東区との約束であり、移転そのものが頓挫《とんざ》する。

事態は急を要した。このまま翌日の委員会室で案文通りの質問と主張が樋口都議からなされれば、施設事業者がマジ切れしかねない。そうなれば、事業撤退が現実味を帯《お》びてくる。

急ぎ、担当部長が都民ファーストの会事務局に向い、質問内容の再考を直談判《じかだんぱん》した。しかし、会派として決めたことであり「上」と相談しなければ何とも言えないとして聞き入れてもらえなかった。その時の様子について直後の市場長室で報告が行われたが、説得に当たった部長は、都議らが言外に「ある人物の意向なんだからどうしようもない」と諦《あきら》め顔であったとの印象を強く持ったことを明かした。

これまでの経緯から、樋口都議の質問文にはある人物が関わっていたであろうことは、市場当局の管理職なら誰もが確信することだった。質問文の主義主張自体、小島特別顧問が従前から主張している内容そのものだったからである。

同氏は2017年8月末時点において、都民ファーストの会の関係者ではない。小池知事の関係者である。ことの真相次第では、知事サイドによる都議会操作ともいえる事態に発展しかねない。問題の本質は、都議会最大会派を実質的に動かしているのは誰かということであった。

結局、市場当局の抵抗も空しく、9月1日、樋口都議は経済・港湾委員会の場で、施設事業者が損害賠償を要求してきても都側に賠償責任はないと強く主張した。都議会自民党からは雨あられのヤジが飛んだ。

情報漏洩ですから

臨時会閉会の翌6日、市場当局の担当部長があいさつ方々、都民ファーストの会の経済・港湾委員会委員長を訪ねた。ところが、臨時会が終了しリラックスしているはずの委員長の様子がおかしい。「由々《ゆゆ》しき事態だ……」と深刻な表情を浮かべている。「あるマスコミが、樋口都議の質問文の電子データのプロパティに樋口都議とは違う作成者の名前が記載されている、『小島敏郎』とあるのはどういうことかと問い合わせが来ている」というのだった。

同日正午過ぎ、別件で市場当局による知事説明が行われた。市場長はあいにく出張中で、私と担当部長で対応した。私は知事の真横に座った。資料説明は知事無反応のうちに淡々と進み、何ごともなく終了した。その帰り際だった。席を立とうとした私は知事に呼び止められた。

「先週は議会、ご苦労様でした」

ひとこと委員会質疑へのねぎらいの言葉があった。私はにこりとうなずいた。

「ところで……」と知事は言葉をつないだ。私は中腰のままだった。次の瞬間、知事は態度を豹変《ひょうへん》させた。

「樋口議員の質問文の件、あれは情報漏洩《ろうえい》ですからっ」

知事執務室の空気が一瞬にして凍《こお》りついた。これまでに経験したことがないほどの詰問《きつもん》口調だった。知事の怒りの総量が尋常でないことは「情報漏洩」の一言で理解できた。私はとっさに「はっ、わかりました」と小声で生返事を返し、それ以上どう反応することもできずによたよたと執務室を出た。

以降、都民ファーストの会からは矢の催促で犯人探しの要求があった。市場当局では急ぎ局内関係者全員にヒアリングを実施し、「情報漏洩」の事実がなかったことを確認したうえで都民ファーストの会に丁寧に説明・報告したが、怒りと疑念は払しょくされなかった。つまりは、痛いところを突かれたことを認めたようなものでもあった。

再燃

その後、「情報漏洩」事件は世間に知られることもなく、樋口都議の質疑によって施設事業者は態度を硬化させたものの撤退や訴訟までには至らずに、事件そのものは、いつの間にかうやむやになった。それから半年。

2018（平成30）年第1回都議会定例会は3月1日の代表質問を皮切りに質疑が始まったが、市場当局に対する厳しい追及は影を潜《ひそ》めていた。ところが、予算特別委員会で様相が一変する。

3月14日。予算特別委員会総括質疑2日目。自民党川松真一朗都議は、前年9月の臨時会経済・港湾委員会質疑に係る樋口都議と市場当局とのメールのやり取り問題を取り上げた。メールのプロパティには作成者が小島敏郎と表記されている、これは、当時小池知事の特別顧問だった小島事務総長による、都民ファーストの会への政治的関与だったのではないかと追及した。

小島氏は「情報漏洩」事件後、特別顧問を辞し都民ファーストの会の事務総長に就任していた。こうして、一旦は収束したと思われた例の問題が都議会で再燃した。

3月15日。予算特別委員会総括質疑の日。夕刻、自民党からプロパティ問題に関する情報開示請求が正式に提出された。自民党の動きに追随する形でマスコミ3社からも同様の開示請求が市場当局に提出された。

困るのは行政

一連の情報開示請求の動きは知事の耳にも入っていた。3月16日午前9時45分、市場当局は登庁直後の知事に呼び出されて説明を求められた。

「あれってどういうことなの?」

知事は時々、知っているのに知らない素振《そぶ》りをして質問を投げかけ、こちらの出方を探ることがある。この時もそうだった。私は知事の脳内活動とできるだけシンクロするようにアドリブの説明を始めた。

「たしかに、昨年9月1日の経済・港湾委員会における都民ファーストの会樋口都議の質疑に当たっては、市場当局は前日から質問の調整を行っており、樋口都議から市場当局に送られてきたメールの添付ファイルのプロパティを開くと、『作成者　小島敏郎』とあったのは事実である。しかし、樋口都議が初当選直後初めて質問者として登壇するに際して、小島氏に教えを乞《こ》うたとしても、何の不思議もないのではないかと考えている」

私の忖度《そんたく》丸出しの説明を受け、知事も自らの考えを語った。

「質問自体は樋口都議が作ったものだ。作り上げる途中で小島さんの意見を聞いてバージョンアップさせた。プロパティに小島さんの名前が入っただけのこと。小島さんにも『公』と『私』がある。『私』の小島さんがアドバイスをしても何もおかしくはない。私はメールの情報を開示しても問題ないと思っているが、開示すると（都議会と各局の間でのやり取りを）今後なんでも開示することになる。そうなると皆さんが困ることになる」

知事はこう言ってのけたのだ。情報公開を進める自分は開示に賛成だ（少なくとも反対ではない）が、開示すると困るのは行政のほうである。皆さん方が大変なことになるが、それでもいいのかしら？　聞きようによっては、役人を脅《おど》しているようにも感じられる発言だった。

「やらせ」質問

3月23日金曜。自民党・マスコミ各社からの情報開示請求に対する対応策が知事に上げられた。自民党などから開示請求のあった「小島顧問と樋口都議との間で交わされた文書」に関しては、そもそも保有していないので「不存在」との結論は簡単に出された。だが、ある社から請求された「樋口都議から市場当局に提出された電磁記録を含む資料、ファイル全て」に関しては、理屈を立てるのに随分と苦労させられた。

東京都情報公開条例第7条第5項により、「都の機関……の内部又は相互間における審議、検討又は協議に関する情報」で「公にすることにより、率直な意見の交換若しくは意思決定の中立性が不当に損なわれるおそれ」などがあるものは非開示とすることができるとされている。この条文などを根拠に、非開示の方向性を知事に説明した。

すると知事は、「浜渦《はまうず》さんのように『やらせ』に持って行きたいのかしら。でも、これは『やらせ』ではない」ときっぱりと言い切った。

この「やらせ」うんぬんに関しては少々説明が必要である。2005年、当時の知事は小池知事が仮想敵の一人とする石原氏だった。同年3月の予算特別委員会での民主党都議の質問が、浜渦武生副知事からの依頼による「やらせ」質問だったのではないかとの疑惑が浮上し、百条委員会の設置にまで発展した。浜渦副知事は質問を依頼したことはないと主張したが、百条委員会は偽証を認定。都議会で問責決議が可決された同氏は職を追われた。

この出来事を重々踏まえた上での小池知事の発言である。浜渦事件の核心は、二元代表制の矩《のり》をこえて、知事サイドが議会サイドに介入しようとした点にある。つまり、あのときと同じように今回も、小池知事サイド（小島特別顧問）が議会サイド（都民ファーストの会樋口都議）に「やらせ」質問を依頼したことにしようとしているようだが、そうはさせない、ということである。

深読みすれば、小島特別顧問の行為が百条委員会級の行為である可能性を、小池知事自身が十分認識していたとも受け取れるのである。

知事は最後に「きょうは決めなくてもいいのね」と意味ありげな言葉を残した。

ソンピオウトウキョヒ

24日土曜。知事サイドからの打ち返しは早かった。「存否応答拒否」で行くと伝えてきた。「ソンピ・オウトウ・キョヒ……?」法律嫌いの私にとって、生まれて初めて耳にする言葉だった。

「存否応答拒否」とは、開示請求の対象文書が存在するともしないとも答えないということである。例えば、個人の犯罪履歴に関して開示請求があったとしよう。「非開示」と回答してしまえば、犯罪の中身はわからなくとも、過去に何らかの犯罪を犯したという事実が認定されてしまう。こうしたケースでは、開示請求そのものを拒否できる（東京都情報公開条例第10条）。ただし、通達によって、情報公開課への事前照会、東京都情報公開・個人情報保護審議会への事後報告が必要になるなど、厳格な適用が求められていた。

25日日曜午後4時前。知事執務室には小池知事のほか、野田数《かずさ》、宮地美陽子《みよこ》の両特別秘書も同席していた。「存否応答拒否」の条例上の位置づけを市場当局が説明したが、知事は終始憮然《ぶぜん》とした顔を崩さなかった。結局、土日を潰《つぶ》して作成した資料による説明は失敗に終わり、結論は先送りとなった。

「存否応答拒否」が過去に適用された事例をみると、事故、処分、裁判、公益通報など、非常に重たいケースばかりである。プロパティに誰の名前が載っていたかといった程度のことで「存否応答拒否」を持ち出すこと自体、ナンセンス極まりないのだが、小池知事はなりふり構わず隠し通したかったのだろう。無理筋の理屈付けは、かえって心中の狼狽《ろうばい》ぶりを物語っている。

その後、開示請求を巡るすったもんだはしばらく続いたが、最終的には、請求された情報は「不存在」という穏当《おんとう》な線で落着した。事実、市場当局には樋口都議のメールそのものが残っていなかった。

以上が都庁「ソンピオウトウキョヒ」事件の一部始終である。知事サイドは最後まで論点を情報公開の手法の問題にすり替えようとしたが、問題の本質はそこではない。

知事と議会が表裏一体化し、しかも知事の立場が絶大であれば、知事サイドの意向は無批判で議会に受け入れられてしまう。当該事件は、その危険性に警鐘を鳴らしているのだが、当事者たちの耳には届いていない。

巻末付録　歴代都知事の斜め切り寸評

鈴木俊一《すずきしゅんいち》（1979年4月〜95年4月　4期）

1986年入都の私にとっては「雲の上の人」である。仕事でお会いしたことも、ましてや直接言葉を交わしたこともない。

現職の都庁幹部職員にとってもほぼ歴史上の人物と化しているはずだが、歴代都知事の中で、なぜか今でも高い評価を受けている。これはひとえに、実務派で堅実な仕事ぶりや、温厚な人柄によるところが大きい。「あのころはよかった」と過去に理想郷を重ねるには打ってつけの人物なのである。

また、有楽町にあった都庁を西新宿に持ってきた手腕には先見の明を感じる。（都庁移転と引き換えに、東京の東部地域に残したいくつかの箱モノが、負の遺産化していたことを差し引いてでも、である。）鈴木知事以降の知事の誰もがパフォーマンス最優先で、都庁の役人にとっては何かとやりにくい存在だったことの裏返しでもある。

1991年春の都庁移転の直前のことだ。私は同僚とともに出来立ての新都庁舎に所用で出向き、そのついでに知事執務室のある第一本庁舎7階に立ち寄ってみたことがある。当時、世間では知事執務室に大理石の豪華な風呂がしつらえられているとまことしやかに喧伝《けんでん》され批判の的となっていた。恐る恐るエレベータを降りると守衛も誰もいない。忍び足で前へ進むと天井の高い部屋に行きついた。奥の扉の向こう側をのぞいてみると簡素なシャワー室があった。「なんだ、がっかり」と思ったことを覚えている。

蛇足《だそく》だが、往時の有楽町都庁舎の様子を知りたければ、東京国際フォーラムガラス棟に足を運ぶことをお勧めする。東京駅側のスロープに写真パネルが何枚も展示されているので、江戸城を初めて建てた太田道灌《どうかん》像とともに、何かのついでに眺《なが》めてみるのもいいと思う。鍛冶橋通り沿いには東京府庁舎を示す石碑も残っている。

青島幸男《あおしまゆきお》（1995年4月〜99年4月　1期）

思いがけなく都知事になってしまった人である。そのことは当の本人が一番痛切に感じていたはずである。

テレビの構成作家からスタートし国会議員を経て、街頭での選挙運動を一切行わずに世界都市博覧会中止のワン・イシューを掲《かか》げて、あれよあれよという間に都知事に当選。都議会の猛烈な反対の中、初志貫徹で都市博中止を決断したところまでは青島氏の真骨頂だった。

が、その後は都政にどれだけ関心や意欲があったのかは判断に悩む。また、二信組問題では税金の投入はしないとの公約が、都市博とは真逆の形で反故《ほご》にされたことは明記されるべきである。

では、中止された都市博とは何か。臨海部の埋め立て地の街開きの意味も込めて、未来の都市像を示すことを目的に計画された博覧会イベントのことである。今でこそお台場やビッグサイトなどでにぎわう臨海副都心地区も、開発からしばらくは人気《ひとけ》もなく閑散《かんさん》とし、赤字続きで都政のお荷物扱いだった時期があった。街が成熟するには10年単位の時間が必要だということの見本でもある。

ちなみに、青島都政の4年目、都庁では青島再選を既定路線として様々なことが進められていた。次期3か年計画の策定もその一つだった。計画部の主査だった私は再選をこれっぽっちも疑うことなく、残業の日々を送っていた。計画策定の終盤には青島知事自らが計画部のある第一本庁舎11階のフロアに足を運び、職員一人ひとりの労をねぎらい、知事を真ん中に集合写真まで撮影したのだから、再選出馬確実と思い込んでも無理はない。

ところが、青島知事の心のうちはそうではなかった。3か年計画を作り終えた年度末、計画部の仲間たちと都内数か所を視察した日の夜、私が居酒屋で一杯やっていた時のことだ。天井近くに置かれたブラウン管のテレビ受像機に青島知事の顔が映しだされていた。そして彼はこう言った。

「知事選に出馬いたさぬこととといたしました」

全身から力が抜けた。一瞬は裏切られたとさえ感じた。それでもなお、歴代知事の中で最も人柄がよかったことだけは確かである。

石原慎太郎《いしはらしんたろう》（1999年4月〜2012年10月　4期）

180センチを超える体躯《たいく》、大学在学中の芥川賞受賞、銀幕スター石原裕次郎の兄……どれをとってもサラブレッド感満載のこの人物を、評論家江藤淳が「無意識過剰」と評したエピソードは有名である。確かにそうかもしれないが、私の印象はちょっと違っている。「マッチョを演じ続けることを自らに課した神経質な小心者」

といったところだ。

　そんな石原氏最大の武器は、なんといってもあの笑顔だったと私はにらんでいる。どんなに暴言を吐こうが差別的な言動をしようが、彼がニッと笑うだけで、世の奥様達はコロッといってしまう。人たらしの手法は人それぞれであり、誰もが持ち合わせているわけではないが、少なくとも政治家に求められる資質の一つであるのは間違いない。そうしたことからすれば、少なくとも後述の都知事たちには、悲しいかな、この才能がほぼゼロだったと言わなければならないだろう。

　それはさておき、石原氏にとって1999年の都知事選が再チャレンジの機会だった事実はあまり知られていない。遡ること四半世紀、1975年、鈴木知事の前の知事である美濃部亮吉《みのべりょうきち》氏は、3選出馬せずとの前言を年明けになって撤回した。そのきっかけは30歳近く年下の石原慎太郎氏が出馬を宣言したからだった。当時は左右のイデオロギー対立がまだ鮮明で、美濃部氏にしてみれば右翼がかった石原氏に都庁を明け渡してなるものかと思ったのだろう。結果は、美濃部269万票、石原234万票の僅差《きんさ》で美濃部氏が勝利。石原氏はこの時はじめて人生の敗北を味わったのではないか。

　そして1999年の都知事選では、66歳になった石原氏は最後の最後まで出馬表明をしない、いわゆる後出しじゃんけん方式で臨《のぞ》み、圧倒的な人気を背景に若かりし頃のリベンジを果たした。

以降、都知事選は選挙直前に一気に注目を集めてその勢いに乗じて勝つやり方が常態化するとともに、政策論争そっちのけの、都民による人気投票的な様相が当たり前のようになっていった。その嚆矢《こうし》は美濃部亮吉氏だったにせよ、普及・定着させたのは石原慎太郎氏だったのである。

最後に、石原都政の後世に誇れる業績とは何かと問われたらどう答えるか。ディーゼル車の排出ガス規制？　東京マラソンの開催？　私なら、羽田空港の国際化と三環状道路の整備の二つを挙げる。最大の悪政は、言うまでもない、新銀行東京の創設である。「東京発金融改革」の美名のもと、赤字補填に400億円もの公的資金がつぎ込まれた事実を忘れることはできない。

猪瀬《いのせ》直樹《なおき》（2012年12月〜13年12月　1期）

猪瀬氏が都知事だったのはわずか1年に過ぎないが、ずいぶん長い間、都庁が振り回されたように感じるのは、彼が石原知事に見出されて副知事を5年近くやっていたからである。

その間、財政破綻《はたん》に直面した北海道夕張市の支援に積極的に関与し、都庁の若手職員2人を夕張市に送り込んだ。当時人事課長だった私は猪瀬副知事一行とともに雪積る同市に赴《おもむ》いた経験がある。大勢のマスコミが同行しご満悦の副知事の後ろを、親分に付き従う子分さながらに市内を練り歩いた。派遣された若手職員のうちの1人が現在の北海道知事鈴木直道氏であることを思うと隔世《かくせい》の感がある。

猪瀬氏は在職中、「作家・東京都知事」の肩書を好んで使っていた。副知事室にも知事執務室にも、大量の自著が並べられ、自己PRに余念がなかった。20代の頃、私は『日本凡人伝』という不思議なルポルタージュを読んで大いに感銘《かんめい》を受けた。その本の作者が猪瀬直樹氏だった。彼は優れたルポライターではある。それは率直に認めよう。しかし、都庁のような巨大な組織の頂点に立つべき人物だとは到底思えない。怒鳴る、すぐ切れる、人を見下す、ふんぞり返る。外野から好き勝手なことを吠《ほ》えている分には一向に構わないが、ひとたび行政という名の実務の世界に入れば、わがまま放題やり放題というわけにはいかないのである。

そんな悪評フンプンの猪瀬氏だが、こと五輪招致に関しては功労者の1人として、少しは評価されてもいいように感じる。最終盤でバトンを石原氏から引き継いだ彼は、ラストスパートにある意味、人生をかけていた。外国でのスピーチに欠かせない英会話をゼロから習得するため、ネイティブの教師を都庁に招きいれて、プロンプターの訓練も兼ねて個人レッスンを真顔で受けていた。

招致決定の瞬間、猪瀬知事は同志と共に雄叫《おたけ》びを上げた。が、このシーンは今、ほとんど見ることができない。その後に発覚した政治資金献金事件に関連して公職選挙法違反となり公民権を停止されたためなのか、彼の姿はものの見事に画像から消されている。まるで権力闘争に敗れた要人が写真から削除される旧共産圏のような扱いである。

敗者に冷たいのは政治体制の違いを超えて万国共通らしい。

舛添要一《ますぞえよういち》（2014年2月〜16年6月　1期）

舛添氏が都知事に就任した当初、都庁には安堵《あんど》の空気が流れた。やっとまともな知事が来た、これで仕事ができる。そんな感じだった。ところが、数か月も経たないうちに雰囲気は再び変わる。これでは前任者と似たり寄ったりではないか……プラスの評価はあっという間にマイナスに転じた。

高圧的な前知事に比べ、表面的な物腰は低く職員の話は一応聞いてくれる素振りは見せるが、その実、腹の中は違っていた。人間の裏表というものはしばらく接していれば、自然に露呈《ろてい》するものである。

当時、舛添知事のすぐそばにいたある都庁幹部職員は、舛添知事を「頭の良い猪瀬直樹」と評していた。都庁職員の嗅覚《きゅうかく》をあなどってはいけない。一匹狼的な国会議員としての立ち振る舞いが、そのまま自治体の長になっても通用するとは限らない典型例とも言えよう。

また、知事に近い職員たちにとっては、舛添知事のある種のケチ臭さが鼻について仕方がなかったとも聞いている。ある時、大きなイベントが無事成功し、職員らと打ち上げをすることになった。舛添知事が指定した店は有名な中華系ファミレスだった。しかも会計はきっちり割り勘だったというまことしやかな噂が、都庁内に流れていたほどである。これを庶民的と評することも可能だが、都庁職員の誰もが「みみっちいヤツ」と思ったのは間違いないであろう。

その一方で、都議会で安定多数を保持していた自民・公明の両党にとっては、手懐《てなず》けやすく御《ぎょ》しやすい都知事だったのは確かである。

とにかく、公用車の不正使用問題などが発覚し連日ワイドショーでやり玉に挙げられていた政権末期、舛添氏は記者会見の場で小理屈をこね回し、自分の首を絞めてしまった。頭は良いが人の心を読めない御仁である。

初期段階で「ごめんなさい、私がいけなかったのです。もうしません」と頭を深々と下げていれば、もしかしたら任期を全うし再選もあったかもしれない。それが都民にとって良かったかどうかは別にして……。

小池百合子《こいけゆりこ》（2016年8月～ 現在2期目）

小池知事については、別の媒体を通じても様々に取り上げてこき下ろしているので、ここで多くを語ることは避けたいのだが、つい筆が走ってしまいそうで怖い。

まず、小池知事の本性を見てしまった者として、なぜ未だに都民の人気を保っているのかが理解できないのだ。市場移転問題の最中、いくら小池知事の悪行を妻に愚痴っても、「あらそうなの？　でも案外、頑張ってるじゃない」とつれなくされた経験がある。なぜなのか。

これは小池知事独特のイメージ操作に依《よ》るところが大きい。彼女の本質は「テレビのレポーター」であり「報道番組のメインキャスター」である。テレビカメラの前に作り笑顔を浮かべて立ち、事前に仕入れた様々な情報を視聴者にわかりやすく伝えること、時に当意即妙《とういそくみょう》の対応でその場を切り抜けてみせては視聴者の心をつかむこと。これこそが彼女が最も得意とするところであり、駆け出しの頃、世に見出された時から不変の、彼女の天職と言ってもいい。この技術とノウハウが政治家・小池百合子を男社会の中で際立たせてきたのだ。

言い換えれば、カメラが回っていない時の顔は別人なのである。だからみんなコロッとだまされる。アイドルやお笑い芸人にだまされるならまだしも、一国の予算規模を誇る首都東京のトップにだまされるのだけはご勘弁願いたい。

もう一つ、小池知事には特異な能力がある。これまで彼女が政界で生き延びられたのは、地雷を察知する嗅覚に優れ、決して地雷を踏まなかったからである。ただ過去に1回だけ、地雷を思いっきり踏んだことがある。2017年秋の衆院選の「排除発言」である。以来、小池知事は今まで以上に慎重になっている。

コロナ禍での政権との神経戦でも五輪開催を巡る駆け引きでも、押しては引き、引いては押すを繰り返し、一方的な勝ちを取りに行かない姿勢が目立っている。次に訪れるチャンスが泣いても笑ってもラストチャンスである。そのことを一番理解しているのは他ならぬ本人であろう。

最後に、政治家・小池百合子が都庁で行ってきた悪政の数々を「七つの大罪」として箇条書きにまとめ、私の小池評の締めくくりとしたい。

大罪その一：粛清人事と情実人事を操る恐怖政治

自分の意にそわない幹部、自分に意見する幹部、自民党と通じていると疑われた幹部はことごとく飛ばされる。コロナ対策の陣頭指揮に当たっていた福祉保健局長でさえ左遷《させん》させられた。その一方で、自分の周りをイエスマンで固め、息のかかった管理職を露骨に重用して憚《はばか》らない。部下を信用しない為政者の姿がそこにある。

大罪その二：「女の敵は女」を地で行くジェンダー操作

女性登用を声高に叫び、あたかも女性の味方、女性の代表のように振る舞うが、女性を登用しても使えないと分かると、情け容赦《ようしゃ》なく閑職《かんしょく》に異動させる。結局、小池知事の女性重視人事の被害者は女性管理職なのである。ジェンダーフリーを都合良く利用はするが、小池知事はジェンダーフリーの理解者、実践者では決してない。

大罪その三：密告を奨励《しょうれい》し職員を分断する「ご意見箱」の設置

直接知事に届くと喧伝された「ご意見箱」が都庁に密告文化を蔓延《まんえん》させている。意見とは名ばかりで、寄せられた内容は、上司や同僚の誹謗《ひぼう》中傷、あの管理職とあの職員ができている的な不倫情報、はては自分をアピールして異動を願い出る者まで現れる始末だ。都庁は旧東欧諸国並みになってしまったようである。

大罪その四：日常的に繰り返される情報操作

小池知事の会見や発言はよほど眉《まゆ》に唾《つば》して受け取らないと、コロッとだまされる。例えば、軽症のコロナ感染者のためのホテル借り上げに関して、小池知事があたかも十分な部屋数を確保したかのように発表した数字は、実際には6掛けでしか使用できなかった。それも2度までも平気な顔をして水増しの数字を公言した。情報操作の常習者と言ってもいい。

一方で、自分を批判する者には容赦ない。TV局だろうが、タレントだろうが、抗議文を送りつけ、謝罪を要求してくる。

大罪その五：都財政の貯金を使い果たした隠れ浪費

コロナ対策では都の財政調整基金が瞬《また》く間に底をついたことが話題になった。都債《とさい》に依存しない健全財政が売りの一つだった都政だが、一気に冬の時代に逆戻りした感がある。だが、その原因はコロナだけではない。むしろ、1期目の4年間で小池知事が予算規模を膨張《ぼうちょう》させ、財政調整基金とは別の特定目的の基金を知らぬうちに食い潰《つぶ》していたことのほうが罪深い。自民党を目の敵にする一方で、公明党を抱き込むために多額の予算を要望通りにつけたことが、都財政の重い足かせとなっている。

大罪その六：都市基盤整備に関心がないのは決定的にダメ

小池知事は、東京市第7代市長、後藤新平を引き合いに出して東京の行政を語ることがある。しかし、彼我《ひが》の差は歴然だ。後藤は関東大震災後に帝都復興計画を策定したように都市基盤整備の重要性を熟知していたが、小池知事にはその欠片《かけら》すらない。関心もなければ、ハード整備が住民の反対を招きやすいと知っていて近づこうともしない。市場移転の延期により環状第二号線の整備が完全ストップしたことに何の痛痒《つうよう》も感じていなかったのが何よりの証拠である。

大罪その七：この世を敵か味方の二つに分ける思考パターンが不幸を招く

小池知事最大の欠点は、物事の価値判断が、自分の敵か味方か、自分に有利か不利かの近視眼的な二者択一でしかないことである。そして何よりも、あらゆる事象を政治的駆け引きにすり替えてしまうことである。この特異な思考パターンによってどれほど多くの人たちが被害を被《こうむ》ったことか。小池知事の歩いたあとには、不幸にして犠牲になった人々が死屍《しし》累々《るいるい》と連なっている。

以上、七つのポイントだけでも、稀代のポピュリストの一断面をご理解いただけたのではないだろうか。

※　石原氏が4期目途中に職を辞して以降、2代にわたって任期途中での降板が続いた。このため、２００７年までは春の統一地方選の時期に実施されていた都知事選がどんどんズレて、現在は7月に行われている。仮に小池知事が2期目の途中で降板すれば、またまた都知事選の時期が変更されることになるが、果たしていかに。

あとがきに代えて

都庁に長く在籍すると、ある錯覚《さっかく》に陥《おちい》る。世の中を動かしているのは都庁である、あるいは、都庁で起きていることが世の中の総《すべ》てであると勘違いするのだ。その巨大さ、影響力の大きさや注目度から、言ってみれば大きめの井戸の中に住むカエルのような存在になってしまうのである。井戸の中はいたって居心地が良い。誰も好き好んで外界に飛び出そうとは思わない。

だが、鏡に映った自画像は、案外、ちっぽけな（つまり権限が限定された）地方公共団体に過ぎないのだ。知事と職員が勝手に肥大化させたセルフ・イメージは、いつか改められなければならない。そのためには、都庁を一度、丸裸にする必要がある。そんな目論見《もくろみ》がどこまで功を奏《そう》したかは分からないが、とにかく、都庁村の因習や掟《おきて》、ローカル・ルールを笑い飛ばしてみるのも一興《いっきょう》だと思ったのは確かである。

筆者は大学を卒業後まっすぐ都庁に就職したわけではない。5年間の紆余曲折《うよきょくせつ》の寄り道を経て、ある意味、人生に行き詰まって仕方なく入都した類の人間である。都庁の就職試験には厳然とした順位がつく。大卒枠が100人だった当時、私に告げられた順位は167位だった。冗談のような話だが、少なくとも67人の合格者の方々が奇特にも辞退してくださったお陰で私の都庁人生はスタートした。出来の悪い新入職員の誕生である。

だから、都庁の役人人生に何の期待も希望も抱かずに、若い時期をへらへらと過ごしていた。特段やりたいこともなく、ましてや偉くなるつもりなどこれっぽっちもなかった。そのせいもあって組織との折り合いをつけるのに時間がかかった。管理職試験を受けたのは、入都同期の仲間たちの何人かが前年に合格して、あんなヤツらの部下には絶対なりたくないと固く誓ったからである。ろくな動機ではない。

転機は、2期目の石原慎太郎知事のスピーチライターに抜擢されたことだった。それまで名もなき一介の職員に過ぎなかった私は、その時、知事周辺の一種独特の世界に触れてしまった。そして、これが意外と肌に合った（と自分で勘違いをした）。

以来、政権中枢《ちゅうすう》の近くで仕事をすることが比較的多くなった。極めつけは、中央卸売市場次長に異動したことだ。定年まであと2年半、やれやれと思ったが、やるなら徹底的にやろうと決めた。小池知事にとっては迷惑千万なことだっただろう。そもそも、この異動がなければ、あの本もこの本も誕生していなかったのだから。

それにしても、物言わぬ都庁ＯＢが多すぎる。定年退職してますますその思いが強まった。何も発信されなければ、何も起こっていないのと同じである。世間はそう誤解する。だが、都庁内部のドロドロとグダグダは想像以上である。少しぐらいバラしても……という不真面目で不謹慎《ふきんしん》な気持ちが執筆のきっかけである。もうこの段階で、都庁ＯＢとしてアウトだ。だから、個人的には、アウトな都庁ＯＢが今後、１人でも増えることを期待している。

30年ちょっとの都政人生の中で、何人もの上司の下で働き、いつしか自分が上司の立場になっていったが、自分も含めてろくな上司はほとんどいなかった。それでも、都庁全体が比較的正常に機能し、適度に効率的に日々動いているのは、人間集団の不思議なところである。散々都庁の悪口を書いておいて何だと思われるかもしれないが、都庁は案外働きやすいホワイトな職場でもあるのだ。それは適度なユルさに起因していると言えよう。

だが、それさえも今、失われようとしている。新型コロナ対応の激務だけが理由ではない。ＡＫＢの総選挙みたいな都知事選からは、未来永劫《えいごう》、知名度とメディア映りだけが取り柄の知事しか誕生しない。人気投票で権力の座に就いた知事は、何か新しいもの、何かメディアが気を引くものはないかと絶えず動き回る。そのことにしか興味はない。自らのイメージの維持だけのために、下々《しもじも》の者に無意味で理不尽な指示を乱発し続けるのだ。

こんなことを何年も続けていれば、都庁は早晩、ブラック化してしまうであろう。いや、既に都庁は十分ブラックである。あとは、ダークサイドに全身を飲み込まれていくのを黙って待つのみだ。現役の管理職からはそんな悲鳴のような、あるいは諦めに似た声をよく聞く。

1人の都庁OBとしてできることは限られている。だからこそ、疲弊《ひへい》し切って指針を見失った都庁管理職が再び輝きを取り戻す日が来るまで、都政ウォッチャーとして情報を発信し続けようと心密《ひそ》かに決めている。

コロナ第3波の最中、フリーターの息子にそそのかされてYouTubeを始めた。60の手習いである。最初の2か月間、無謀《むぼう》にも毎日、都政に関する新しい動画をアップし続けた。ネタ切れと締め切りのプレッシャーに押し潰されそうになったが、案ずるよりも産むが易《やす》し、どこからともなくネタが湧いてきた。都庁はネタの宝庫だったのだ。ただ、誰もそれを白日《はくじつ》の下にさらそうとしなかっただけである。金銀財宝は独り占めしては罰《ばち》が当たる。これからも都民の共有財産として取り扱っていきたい。

YouTube：都庁watchTV
Twitter：@totyo_watchTV

本書は書きおろしです。

澤　章（さわ・あきら）

1958（昭和33）年長崎生まれ。一橋大学経済学部卒。1986年東京都庁入都。総務局人事部人事課長、知事本局計画調整部長、中央卸売市場次長、選挙管理委員会事務局長などを歴任。（公財）東京都環境公社前理事長。

2020（令和2）年3月に『築地と豊洲　「市場移転問題」という名のブラックボックスを開封する』（都政新報社）を上梓。YouTube（都庁watchTV）による情報発信など、都庁OBの独自視点から都政に関する批評活動を展開。

著書に『軍艦防波堤へ』（栄光出版社）、『ワン・ディケイド・ボーイ』（パレードブックス）など。

ハダカの東京都庁《とうきょうとちょう》

2021年6月15日　第1刷発行
2021年6月20日　第2刷発行

著　者　澤章《さわあきら》
発行者　島田　真
発行所　株式会社　文藝春秋
東京都千代田区紀尾井町3-23
電話　03(3265)1211
郵便番号 102-8008

印刷所　凸版印刷
製本所　凸版印刷
組　版　東畠史子

ISBN978-4-16-391384-1